Aromele Asiei
O Călătorie Culinară Printre Deliciile Orientului

Ana Popescu

Cuprins

Carne crocanta cu sos de curry 10
Friptura de vita 11
Carne de vită prăjită 12
Carne de vită cu usturoi 13
Carne de vită cu ghimbir 14
Carne de vită gătită roșie cu ghimbir 15
Carne de vită cu fasole verde 16
Carne de vită fierbinte 17
Bucăți fierbinți de carne de vită 18
Carne de vită cu Mangetout 20
Carne de vită marinată prăjită 21
Carne de vită prăjită și ciuperci 22
Carne de vită marinată prăjită 23
Roast beef cu ciuperci 25
Carne de vită prăjită cu tăiței 27
Carne de vită cu tăiței de orez 28
Carne de vită cu ceapă 29
Carne de vită și mazăre 30
Carne de vită prăjită cu ceapă 31
Carne de vită cu piele uscată de portocală 32
Carne de vită cu sos de perle 33
Carne de vită cu piper 34
Friptura cu piper 35
Carne de vită cu ardei 36
Bucăți de vită prăjite cu ardei verzi 37
Carne de vită murată chinezească 38
Friptura cu cartofi 39
Carne de vită gătită în roșu 40
Frumoasă carne de vită 41
Carne de vită 42
Carne de vită tocată în stil de familie 43
Carne tocata de vita cu condimente 44

Carne de vita marinata cu spanac 45
Carne de vită cu fasole neagră și ceapă primăvară 47
Carne de vită prăjită cu ceapă primăvară 48
Carne de vita si ceapa cu sos de peste 49
Carne de vită la abur 50
Muschiu de vita 51
File de vita fiert 52
Se prăjește carnea 54
Fâșii de friptură 55
Carne de vită la abur cu cartofi dulci 56
Muschiu de vita 57
Pâine prăjită de vită 58
Carne de vită tofu-chilli 59
Carne de vită cu roșii 60
Carne de vită gătită în roșu cu napi 61
Carne de vită cu legume 62
Carne de vita fiarta 63
Friptură umplută 64
Galuste de vita 66
Chiftele crocante 68
Carne tocată de vită cu nuci caju 69
Carne de vită în sos roșu 70
Biluțe de vită cu orez lipicios 71
Chiftele cu sos dulce-acru 72
Budincă de carne la abur 74
Carne tocata la abur 75
Tocat prajit cu sos de perle 76
Rulouri de vită 77
Biluțe de vită și spanac 78
Carne de vită prăjită cu tofu 79
Miel cu sparanghel 80
Miel la grătar 81
Miel cu fasole verde 82
Miel fiert 83
Miel cu broccoli 84
Miel cu castane de apa 85

Miel cu varză *86*
Lamb Chow Mein *87*
Curry de miel *89*
Miel parfumat *90*
Cuburi de miel la gratar *91*
Miel cu Mangetout *92*
Miel marinat *93*
Miel cu ciuperci *94*
Miel cu sos de perle *95*
Miel gătit în roşu *96*
Miel cu ceapa primavara *97*
Fripturi fragede de miel *98*
tocană de miel *99*
Miel prăjit *101*
Miel şi legume *102*
Miel cu tofu *103*
Miel fript *105*
Friptură de miel cu muştar *106*
Piept de Miel Umplut *107*
Miel fript *108*
Miel şi orez *109*
Miel de salcie *110*
Carne de porc cu migdale *111*
Carne de porc cu tulpini de bambus *112*
Carne de porc la gratar *113*
Varză şi fasole *114*
Pui cu tulpini de bambus *115*
Şuncă la abur *116*
Şuncă cu varză *117*
Pui cu migdale *118*
Pui cu migdale si castane de apa *120*
Pui cu migdale si legume *121*
Pui cu anason *122*
Pui cu caise *124*
Pui cu sparanghel *125*
Pui de vinete *126*

Pui învelit cu slănină 127
Pui cu muguri de fasole 128
Pui cu sos de fasole neagra 129
Pui cu broccoli 130
Pui cu varză și alune 131
Pui caju 132
Pui cu castane 134
Pui cald și rece 135
Chili Fried Chicken 136
Am tăiat chicken suey 138
Chicken Chow Mein 139
Pui prăjit picant cu condimente 141
Pui prajit cu castraveti 142
Pui Chilli-Curry 144
Pui curry chinezesc 145
Pui la cuptor rapid 146
Pui la cuptor cu cartofi 147
Pulpe de pui prăjite 148
Pui prajit cu sos de curry 149
Pui beat 150
Pui delicios cu ouă 151
Rulouri cu ou de pui 153
Pui la cuptor cu oua 155
Pui din Orientul Îndepărtat 157
Pui Foo Yung 158
Foo Yung Bacon și pui 159
Pui prăjit cu ghimbir 160
Pui cu ghimbir 161
Pui cu ghimbir cu ciuperci și castane 162
Pui auriu 163
Tocană de pui auriu marinată 164
Monezi de aur 165
Pui la abur cu bacon 167
Pui cu sos hoisin 167
Pui cu miere 169
Pui "Kung Pao 169

Pui cu praz *170*
Pui cu lamaie *171*
Pui prăjit cu lămâie *173*
Ficatei de pui cu tulpini de bambus *175*
Ficatei de pui prajiti *175*
Ficatei de pui cu mangetout *176*
Ficat de pui cu clatite *177*
Ficatei de pui cu sos de perle *178*
Ficat de pui cu ananas *179*
Ficat de pui dulci și acru *180*
Pui cu litchi *181*
Pui cu sos de litchi *182*
Pui cu Mangetout *183*
Pui cu mango *184*
Pepene galben umplut cu pui *186*
Se prăjește pui și ciuperci *186*
Pui cu ciuperci și alune *187*
Pui prajit cu ciuperci *189*
Pui la abur cu ciuperci *191*
Pui cu ceapa *191*
Pui cu portocala si lamaie *192*
Pui cu sos de perle *193*
Pachet de pui *194*
Pui cu arahide *195*
Pui cu unt de arahide *196*
Pui cu mazăre *197*
Pui la Peking *198*
Pui cu ardei *199*
Pui prajit cu ardei *201*
Pui și ananas *203*
Pui cu ananas și lychees *204*
Pui cu porc *205*
Pui la cuptor cu cartofi *206*
Pui cu cinci condimente cu cartofi *207*
Friptură de pui în roșu *208*
Risole de pui *209*

Pui delicios 210
Pui în ulei de susan 211
Pui Sherry 212
Pui cu sos de soia 213
Pui fript picant 214
Pui cu spanac 215
Rulouri de primăvară cu pui 216

Carne crocanta cu sos de curry

Porti 4

1 ou bătut

15 ml/1 lingură făină de porumb (amidon de porumb)

5 ml/1 lingurita bicarbonat de sodiu (bicarbonat de sodiu)

15 ml/1 lingura vin de orez sau sherry uscat

15 ml/1 lingura sos de soia

225g/8oz carne slabă de vită, feliată

90 ml/6 linguri ulei

100 g/4 oz pastă de curry

Amestecați oul, mălaiul, bicarbonatul de sodiu, vinul sau sherry și sosul de soia. Adăugați carnea de vită și 15 ml/1 lingură ulei. Se încălzește uleiul rămas și se prăjește amestecul de carne de vită și ouă timp de 2 minute. Scoateți carnea și scurgeți uleiul. Adăugați pasta de curry în tigaie și aduceți la fierbere apoi întoarceți carnea în tigaie, amestecați bine și serviți.

Friptura de vita

Porti 4

45 ml/3 linguri ulei de arahide (arahide).

5 ml/1 lingura de sare

1 cățel de usturoi, zdrobit

450 g/1 lb friptură de chuck, tăiată cubulețe

4 cepe (cepe), feliate

1 felie rădăcină de ghimbir, rasă

30 ml/2 linguri praf de curry

15 ml/1 lingura vin de orez sau sherry uscat

15 ml/1 lingura de zahar

400 ml/14 ml oz/1-œ cani bulion de vită

15 ml/1 lingură făină de porumb (amidon de porumb)

45 ml/3 linguri apă

Încinge uleiul și prăjește sarea și usturoiul până se rumenesc ușor. Se adauga friptura si se toarna uleiul apoi se adauga ceapa si ghimbirul si se prajesc pana se rumeneste carnea pe toate partile. Adăugați pudră de curry și prăjiți timp de 1 minut. Se adaugă vinul sau sherry și zahărul, apoi se adaugă bulionul, se aduce la fierbere, se acoperă și se fierbe timp de aproximativ 35 de minute până când carnea de vită este fragedă. Amestecați făina de porumb și apa, amestecați în sos și gătiți, amestecând, până când sosul se îngroașă.

Carne de vită prăjită

Porți 4

225 g/8 oz carne de vită slabă
30 ml/2 linguri ulei de arahide (arahide).
1 ceapă mare, tăiată felii
30 ml/2 linguri praf de curry
1 felie rădăcină de ghimbir, rasă
15 ml/1 lingura vin de orez sau sherry uscat
120 ml/4 fl oz/¬Ω cană de supă de vită
5 ml/1 lingură de zahăr
15 ml/1 lingură făină de porumb (amidon de porumb)
45 ml/3 linguri apă

Tăiați carnea de vită subțire împotriva bobului. Se incinge uleiul si se caleste ceapa pana devine translucida. Adăugați curry și ghimbir și prăjiți câteva secunde. Adăugați carnea de vită și prăjiți până se rumenește. Adăugați vinul sau sherry și bulionul, aduceți la fierbere, acoperiți și fierbeți timp de aproximativ 5 minute până când carnea de vită este gătită. Se amestecă zahărul,

Se amestecă făina de porumb și apa într-o tigaie și se fierbe, amestecând, până se îngroașă sosul.

Carne de vită cu usturoi

Porti 4

350 g/12 oz carne slabă de vită, feliată
4 catei de usturoi, taiati felii
1 ardei iute rosu, feliat
45 ml/3 linguri sos de soia
45 ml/3 linguri ulei de arahide (arahide).
5 ml/1 lingură făină de porumb (amidon de porumb)
15 ml/1 lingura de apa

Amestecați carnea de vită cu usturoiul, ardeiul iute și 30 ml/2 linguri de sos de soia și lăsați timp de 30 de minute, amestecând din când în când. Se încălzește uleiul și se prăjește amestecul de vită pentru câteva minute până când este aproape gata.

Amestecați ingredientele rămase într-o pastă, amestecați în tigaie și continuați să prăjiți până când carnea de vită este gătită.

Carne de vită cu ghimbir

Porti 4

15 ml/1 lingură ulei de arahide (arahide).
450g/1lb carne macră de vită, feliată
1 ceapă, feliată subțire
2 catei de usturoi, presati
2 bucăți de ghimbir cristalizat, feliate subțire
15 ml/1 lingura sos de soia
150 ml/¬° pt/generoasă ¬Ω cană de apă
2 tulpini de telina, taiate in diagonala
5 ml/1 lingura de sare

Se încălzește uleiul și se prăjește carnea, ceapa și usturoiul până se rumenesc ușor. Adăugați ghimbirul, sosul de soia și apa, aduceți la fiert, acoperiți și fierbeți timp de 25 de minute. Adăugați țelina, acoperiți și gătiți încă 5 minute. Se presară cu sare înainte de servire.

Carne de vită gătită roșie cu ghimbir

Porti 4

450 g/1 lb carne de vită slabă
2 felii rădăcină de ghimbir, tocată
4 cepe tocate (cepe).
120 ml/4 fl oz/¬Ω cană sos de soia
60 ml/4 linguri vin de orez sau sherry uscat
400 ml/14 ml oz/1-œ apă de sticlă
15 ml/1 lingură de zahăr brun

Pune toate ingredientele într-o tigaie grea, aducem la fiert, acoperim și fierbem, întorcându-le din când în când, timp de aproximativ 1 oră până când carnea este fragedă.

Carne de vită cu fasole verde

Porti 4

225g/8oz friptură, feliată subțire
30 ml/2 linguri faina de porumb (amidon de porumb)
15 ml/1 lingura vin de orez sau sherry uscat
15 ml/1 lingura sos de soia
30 ml/2 linguri ulei de arahide (arahide).
2,5 ml/¬Ω linguriță de sare
2 catei de usturoi, presati
225 g/8 oz fasole verde
225g/8oz muguri de bambus, feliați
50g/2oz ciuperci, feliate
50g/2oz castane de apă, feliate
150 ml/¬° pt/generoasa ¬Ω cana supa de pui

Pune friptura într-un castron. Amestecați 15 ml/1 lingură făină de porumb, vin sau sherry și sos de soia, amestecați în carne și marinați timp de 30 de minute. Se incinge uleiul cu sarea si usturoiul si se prajesc pana se rumeneste usor usturoiul. Adăugați carnea și marinada și prăjiți timp de 4 minute. Adăugați fasolea și amestecați timp de 2 minute. Adăugați ingredientele rămase, aduceți la fiert și fierbeți timp de 4 minute. Amestecați făina de porumb rămasă cu una

putina apa si amestecam in sos. Se fierbe, amestecând, până când sosul se limpezește și se îngroașă.

Carne de vită fierbinte

Porti 4

450 g/1 lb carne de vită slabă
6 cepe (cepe), feliate
4 felii de rădăcină de ghimbir
15 ml/1 lingura vin de orez sau sherry uscat
15 ml/1 lingura sos de soia
4 ardei iute roșu uscat, tocat
10 boabe de piper
1 cățel de anason
300 ml/¬Ω pt/1¬° pahar de apă
2,5 ml/¬Ω linguriță de ulei de chili

Pune carnea de vită într-un castron cu 2 cepe, 1 felie de ghimbir și jumătate din vin și se lasă la marinat 30 de minute. Aduceți o cratiță mare cu apă la fiert, adăugați carnea de vită și gătiți până este gătită

pe toate părțile apoi scoateți și scurgeți. Puneți ceapa rămasă, ghimbirul și vinul sau sherry într-o tigaie cu ardei iute, boabele de piper și anason și adăugați apa. Se aduce la fierbere, se adaugă carnea de vită, se acoperă și se fierbe timp de aproximativ 40 de minute până când carnea este fragedă. Scoateți carnea din lichid și scurgeți bine. Se taie subțiri și se așează pe o farfurie de servire încălzită. Se serveste stropite cu ulei de chili.

Bucăți fierbinți de carne de vită

Porti 4

150 ml/¬° pt/generoasă ¬Ω cană ulei de arahide (arahide).
450g/1lb carne macră de vită, feliată contra bob
45 ml/3 linguri sos de soia
15 ml/1 lingura vin de orez sau sherry uscat

1 felie rădăcină de ghimbir, rasă

1 ardei iute rosu uscat, tocat

2 morcovi, rasi

2 tulpini de telina, taiate in diagonala

10 ml/2 linguri sare

225 g/8 oz/1 cană de orez cu bob lung

Se încălzeşte două treimi din ulei şi se prăjeşte carnea de vită, sosul de soia şi vinul sau sherry timp de 10 minute. Scoateţi carnea şi rezervaţi sosul. Se încălzeşte uleiul rămas şi se prăjeşte ghimbirul, ardeiul şi morcovii timp de 1 minut. Adăugaţi ţelina şi prăjiţi timp de 1 minut. Se adauga carnea si sarea si se prajesc 1 minut.

Între timp, fierbeţi orezul în apă clocotită timp de aproximativ 20 de minute până se înmoaie. Se scurge bine si se aseaza pe un platou de servire. Se toarnă peste amestecul de carne de vită şi sosul iute.

Carne de vită cu Mangetout

Porti 4

225 g/8 oz carne de vită slabă
30 ml/2 linguri faina de porumb (amidon de porumb)
5 ml/1 lingură de zahăr
5 ml/1 lingură sos de soia
10 ml/2 linguriță vin de orez sau sherry uscat
30 ml/2 linguri ulei de arahide (arahide).
2,5 ml/¬Ω linguriță de sare
2 felii rădăcină de ghimbir, tocată
225 g/8 oz mangeout (mazăre de zăpadă)
60 ml/4 linguri supă de vită
10 ml/2 linguri de apă
piper proaspăt măcinat

Tăiați carnea de vită subțire împotriva bobului. Se amestecă jumătate din făina de porumb, zahărul, sosul de soia și vinul sau sherry, se adaugă la carnea de vită și se amestecă bine pentru a acoperi. Se încălzește jumătate din ulei și se prăjește sarea și ghimbirul pentru câteva secunde. Adăugați mangeout și amestecați pentru a se acoperi cu ulei. Se adauga bulionul, se aduce la fierbere si se amesteca bine apoi se scoate mangeto si bulionul din tigaie. Se încălzeşte uleiul rămas şi se prăjeşte carnea de vită până se rumeneşte uşor. Întoarceţi mangeout-ul în tigaie. Se amestecă

se amestecă restul de făină de porumb cu apa din tigaie şi se condimentează cu piper. Se fierbe, amestecand, pana se ingroasa sosul.

Carne de vită marinată prăjită

Porti 4

450 g/1 lb friptură de mandră
75 ml/5 linguri sos de soia
60 ml/4 linguri vin de orez sau sherry uscat
5 ml/1 lingura de sare
15 ml/1 lingură făină de porumb (amidon de porumb)
45 ml/3 linguri ulei de arahide (arahide).
15 ml/1 lingură de zahăr brun
15 ml/1 lingura de otet de vin

Se întinde friptura în mai multe locuri și se pune într-un castron. Se amestecă sosul de soia, vinul sau sherry și sarea, se toarnă peste carne și se lasă să stea 3 ore, întorcându-l din când în când. Scurgeți carnea și aruncați marinada. Se usucă carnea și se pudrează cu făină de porumb. Încinge uleiul și prăjește carnea până se rumenește pe toate părțile. Se adauga zaharul si otetul de vin si apa cat sa acopere carnea. Se aduce la fierbere, se acoperă și se fierbe timp de aproximativ 1 oră până când carnea este fragedă.

Carne de vită prăjită și ciuperci

Porti 4

225 g/8 oz carne de vită slabă

15 ml/1 lingură făină de porumb (amidon de porumb)

15 ml/1 lingura vin de orez sau sherry uscat

15 ml/1 lingura sos de soia

2,5 ml/¬Ω lingură de zahăr

45 ml/3 linguri ulei de arahide (arahide).

1 felie rădăcină de ghimbir, rasă

2,5 ml/¬Ω linguriță de sare

225g/8oz ciuperci, feliate
120 ml/4 fl oz/¬Ω cană de supă de vită

Tăiați carnea de vită subțire împotriva bobului. Se amestecă făina de porumb, vinul sau sherry, sosul de soia și zahărul, se amestecă în carnea de vită și se amestecă bine pentru a se acoperi. Încinge uleiul și prăjește ghimbirul timp de 1 minut. Adăugați carnea de vită și prăjiți până se rumenește. Se adauga sarea si ciupercile si se amesteca bine. Se adaugă bulionul, se aduce la fierbere și se fierbe, amestecând, până se îngroașă sosul.

Carne de vită marinată prăjită

Porti 4

450g/1lb carne macră de vită, feliată
2 catei de usturoi, presati
60 ml/4 linguri sos de soia
15 ml/1 lingură de zahăr brun
5 ml/1 lingura de sare
30 ml/2 linguri ulei de arahide (arahide).

Pune carnea de vita intr-un bol si adauga usturoiul, sosul de soia, zaharul si sarea. Se amestecă bine, se acoperă şi se lasă la marinat aproximativ 2 ore, întorcându-le din când în când. Scurgeţi, aruncând marinada. Se încălzeşte uleiul şi se prăjeşte carnea până se rumeneşte pe toate părţile, apoi se serveşte imediat.

Roast beef cu ciuperci

Porti 4

1 kg/2 lb de vițel de sus

sare si piper proaspat macinat

60 ml/4 linguri sos de soia

30 ml/2 linguri sos hoisin

30 ml/2 linguri de miere

30 ml/2 linguri otet de vin

5 ml/1 lingură piper proaspăt măcinat

5 ml/1 lingurita de anason macinat

5 ml/1 lingurita coriandru macinat

6 ciuperci chinezești uscate

60 ml/4 linguri ulei de arahide (arahide).

5 ml/2 linguri faina de porumb (amidon de porumb)

15 ml/1 lingura de apa

400 g/14 oz roșii conservate

6 cepe (cepe), tăiate fâșii

2 morcovi, rasi

30 ml/2 linguri sos de prune

60 ml/4 linguri naut tocat

Înțepați carnea de vită de mai multe ori cu o furculiță. Se condimentează cu sare și piper și se pune într-un bol. Amestecați sosurile, mierea, oțetul de vin, piperul și condimentele, turnați peste carne, acoperiți și lăsați la marinat la frigider peste noapte.

Înmuiați ciupercile în apă caldă timp de 30 de minute și apoi scurgeți. Aruncați tulpinile și tăiați capacele. Încinge uleiul și prăjește carnea până se rumenește bine, întorcându-le des. Se amestecă făina de porumb și apa și se adaugă în tigaia cu roșiile. Aduceți la fierbere, acoperiți și fierbeți ușor timp de aproximativ 1¬Ω oră până se înmoaie. Adăugați ceapa și morcovii și continuați să gătiți timp de 10 minute până când morcovii sunt moi. Se amestecă sosul de prune și se fierbe timp de 2 minute. Scoateți carnea din sos și tăiați-o în felii groase. Se pune înapoi în sos să se încălzească, apoi se servește stropit cu arpagic.

Carne de vită prăjită cu tăiței

Porti 4

100 g/4 oz tăiței subțiri cu ou
30 ml/2 linguri ulei de arahide (arahide).
225g/8oz carne slabă de vită, tocată
30 ml/2 linguri sos de soia
15 ml/1 lingura vin de orez sau sherry uscat
2,5 ml/½ linguriță de sare
2,5 ml/½ lingură de zahăr
120 ml/4 fl oz/½ cană de apă

Înmuiați tăițeii până se înmoaie ușor, apoi scurgeți și tăiați în 7,5 cm/3 lungimi. Se încălzește jumătate din ulei și se prăjește carnea până se rumenește. Se adauga sosul de soia, vinul sau sherry, sarea si zaharul si se prajesc 2 minute apoi se scot din tigaie. Se încălzește uleiul rămas și se prăjesc tăițeii până se îmbină cu ulei. Amestecul de carne de vită se pune înapoi în tigaie, se adaugă apa și se aduce la fierbere. Gatiti si fierbeti aproximativ 5 minute pana cand lichidul este absorbit.

Carne de vită cu tăiței de orez

Porti 4

4 ciuperci chinezești uscate
30 ml/2 linguri ulei de arahide (arahide).
2,5 ml/¬Ω linguriță de sare
225g/8oz carne slabă de vită, feliată
100g/4oz muguri de bambus, feliați
100 g/4 oz țelină, feliată
1 ceapă, feliată
120 ml/4 fl oz/¬Ω cană de supă de vită
2,5 ml/¬Ω lingură de zahăr
10 ml/2 linguri faina de porumb (amidon de porumb)
5 ml/1 lingură sos de soia
15 ml/1 lingura de apa
100 g/4 oz tăiței de orez
ulei pentru prăjire adâncă

Înmuiați ciupercile în apă caldă timp de 30 de minute și apoi scurgeți. Aruncați tulpinile și tăiați capacele. Se încălzește jumătate din ulei și se prăjește sarea și carnea de vită până se rumenesc ușor, apoi se scot din tigaie. Încinge uleiul rămas și prăjește legumele până se înmoaie. Se toarnă bulionul și zahărul și se aduce la fierbere. Întoarceți carnea în tigaie, acoperiți și gătiți timp de 3 minute. Amestecați făina de porumb, sosul de soia și apa, amestecați în tigaie și gătiți, amestecând, până când amestecul se îngroașă. Între timp, prăjiți tăițeii de orez în ulei încins câteva secunde până când sunt umflați și crocanți și serviți deasupra cărnii de vită.

Carne de vită cu ceapă

Porti 4

60 ml/4 linguri ulei de arahide (arahide).
300 g/11 oz carne slabă de vită, tăiată fâșii
100 g/4 oz ceapă, tăiată fâșii
15 ml/1 lingura supa de pui
5 ml/1 lingurita vin de orez sau sherry uscat
5 ml/1 lingură de zahăr
5 ml/1 lingură sos de soia
sare
ulei de susan

Se incinge uleiul si se calesc carnea si ceapa la foc mare pana se rumenesc usor. Se amestecă bulionul, vinul sau sherry, zahărul și sosul de soia și se prăjesc rapid până se omogenizează bine. Asezonați după gust cu sare și ulei de susan înainte de servire.

Carne de vită și mazăre

Porti 4

30 ml/2 linguri ulei de arahide (arahide).
450g/1lb carne macră de vită, tăiată cubulețe
2 cepe, feliate
2 tulpini de telina, feliate
100 g/4 oz mazăre proaspătă sau congelată, decongelată
250 ml/8 ml oz/1 cană supă de pui
15 ml/1 lingura sos de soia
15 ml/1 lingură făină de porumb (amidon de porumb)

Încinge uleiul și prăjește carnea de vită până se rumenește ușor. Adăugați ceapa, țelina și mazărea și prăjiți timp de 2 minute. Adăugați bulion și sosul de soia, aduceți la fierbere, acoperiți și fierbeți timp de 10 minute. Se amestecă făina de porumb cu puțină apă și se amestecă în sos. Se fierbe, amestecând, până când sosul se limpezește și se îngroașă.

Carne de vită prăjită cu ceapă

Porti 4

225 g/8 oz carne de vită slabă
2 eșalote (opate), tocate
30 ml/2 linguri sos de soia
30 ml/2 linguri vin de orez sau sherry uscat
30 ml/2 linguri ulei de arahide (arahide).
1 cățel de usturoi, zdrobit
5 ml/1 lingură oțet de vin
câteva picături de ulei de susan

Tăiați carnea de vită subțire împotriva bobului. Se amestecă ceapa primăvară, sosul de soia și vinul sau sherry, se amestecă carnea de vită și se lasă să stea 30 de minute. Scurgeți, aruncând marinada. Încinge uleiul și prăjește usturoiul până se rumenește ușor. Adăugați carnea de vită și prăjiți până se rumenește. Adăugați oțetul și uleiul de susan, acoperiți și fierbeți timp de 2 minute.

Carne de vită cu piele uscată de portocală

Porti 4

450 g carne macră de vită, feliată subțire
5 ml/1 lingura de sare
ulei pentru prăjire adâncă
30 ml/2 linguri ulei de arahide (arahide).
100 g/4 oz coajă de portocală uscată
2 ardei iute uscati, tocati marunt
5 ml/1 lingură piper proaspăt măcinat
45 ml/3 linguri supă de vită
2,5 ml/¬Ω lingură de zahăr
15 ml/1 lingura vin de orez sau sherry uscat
5 ml/1 lingură oțet de vin
2,5 ml/¬Ω lingură de ulei de susan

Stropiți carnea cu sare și lăsați-o să se odihnească 30 de minute. Se încălzește uleiul și se prăjește carnea până la jumătate fiartă. Scoateți și scurgeți bine. Încinge uleiul și prăjește coaja de portocală, ardei iute și ardei timp de 1 minut. Adăugați carnea și bulionul și aduceți la fiert. Adăugați zahărul și oțetul de vin și fierbeți până când nu mai rămâne mult lichid. Se toarnă oțetul de vin și uleiul de susan și se amestecă bine. Se serveste pe un pat de frunze de salata verde.

Carne de vită cu sos de perle

Porti 4

15 ml/1 lingură ulei de arahide (arahide).
2 catei de usturoi, presati
450g/1lb friptură de flanc, feliată
100 g/4 oz ciuperci buton
15 ml/1 lingura vin de orez sau sherry uscat
150 ml/¬° pt/generoasa ¬Ω cana supa de pui
30 ml/2 linguri sos de stridii
5 ml/1 lingură de zahăr brun
sare si piper proaspat macinat
4 cepe (cepe), feliate
15 ml/1 lingură făină de porumb (amidon de porumb)

Încinge uleiul și prăjește usturoiul până se rumenește ușor. Adăugați friptura și ciupercile și amestecați până se rumenesc ușor. Adăugați vinul sau sherry și prăjiți timp de 2 minute. Se adauga bulionul, sosul de stridii si zaharul si se condimenteaza cu sare si piper. Se aduce la fierbere și se fierbe, amestecând din când în când, timp de 4 minute. Adăugați ceapa primăvară. Se amestecă făina de porumb cu puțină apă și se amestecă în tigaie. Se fierbe, amestecând, până când sosul se limpezește și se îngroașă.

Carne de vită cu piper

Porti 4

350 g/12 oz carne slabă de vită, tăiată fâșii
75 ml/5 linguri sos de soia
75 ml/5 linguri ulei de arahide (arahide).
5 ml/1 lingură făină de porumb (amidon de porumb)
75 ml/5 linguri apă
2 cepe, feliate
5 ml/1 lingura sos de stridii
piper proaspăt măcinat
coșuri cu tăiței

Marinați carnea cu sos de soia, 15 ml/1 lingură ulei, făină de porumb și apă timp de 1 oră. Scoateți carnea din marinată și scurgeți bine. Se încălzește uleiul rămas, se prăjește carnea și ceapa până se rumenesc ușor. Adauga marinata si sosul de stridii si asezoneaza cu mult piper. Aduceți la fierbere, acoperiți și fierbeți timp de 5 minute, amestecând din când în când. Serviți cu boluri de tăiței.

Friptura cu piper

Porti 4

45 ml/3 linguri ulei de arahide (arahide).

5 ml/1 lingura de sare

2 catei de usturoi, presati

450g/1lb friptură de muschi, feliată subțire

1 ceapă, tăiată în bucăți

2 ardei verzi, tocati

120 ml/4 fl oz/¬Ω cană de supă de vită

5 ml/1 lingură de zahăr brun

5 ml/1 lingurita vin de orez sau sherry uscat

sare si piper proaspat macinat

30 ml/2 linguri faina de porumb (amidon de porumb)

30 ml/2 linguri sos de soia

Se incinge uleiul cu sarea si usturoiul pana se rumeneste usor usturoiul apoi se adauga friptura si se prajeste pana se rumeneste pe toate partile. Adăugați ceapa și ardeiul și prăjiți timp de 2 minute. Adăugați bulion, zahăr, vin sau sherry și asezonați cu sare și piper. Aduceți la fierbere, acoperiți și fierbeți timp de 5 minute. Amestecați făina de porumb și sosul de soia, apoi amestecați în sos. Se fierbe, amestecând, până când sosul este limpede și se îngroașă, adăugând puțină apă dacă este necesar pentru a face sosul consistența pe care o preferați.

Carne de vită cu ardei

Porți 4

350 g/12 oz carne slabă de vită, feliată subțire
3 ardei iute roșii, tăiați și tocați
3 cepe (cepe), tăiate în bucăți
2 catei de usturoi, presati
15 ml/1 lingura sos de fasole neagra
1 morcov, feliat
3 ardei verzi tăiați bucăți
sare
15 ml/1 lingură ulei de arahide (arahide).
5 ml/1 lingură sos de soia
45 ml/3 linguri apă
5 ml/1 lingurita vin de orez sau sherry uscat
5 ml/1 lingură făină de porumb (amidon de porumb)

Marinați carnea de vită cu ardei iute, ceapă, usturoi, sos de fasole neagră și morcovi timp de 1 oră. Fierbeți ardeii în apă clocotită cu sare timp de 3 minute și apoi scurgeți bine. Se încălzește uleiul și se prăjește amestecul de carne de vită timp de 2 minute. Adăugați ardeii și amestecați timp de 3 minute. Adăugați sos de soia, apă și vin sau sherry. Se amestecă făina de porumb cu puțină apă, se amestecă în tigaie și se fierbe până se îngroașă sosul.

Bucăți de vită prăjite cu ardei verzi

Porti 4

225g/8oz carne slabă de vită, tocată

1 albus de ou

15 ml/1 lingură făină de porumb (amidon de porumb)

2,5 ml/¬Ω linguriță de sare

5 ml/1 lingurita vin de orez sau sherry uscat

2,5 ml/¬Ω lingură de zahăr

ulei pentru prăjire adâncă

30 ml/2 linguri ulei de arahide (arahide).

2 ardei iute roșii, tăiați cubulețe

2 felii rădăcină de ghimbir, tocată

15 ml/1 lingura sos de soia

2 ardei verzi mari, taiati cubulete

Pune carnea de vită într-un castron cu albușul, mălaiul, sarea, vinul sau sherry și zahărul și se lasă la marinat 30 de minute. Se încălzește uleiul și se prăjește carnea până se rumenește ușor.

Scoateți din tavă și scurgeți bine. Încinge uleiul și prăjește ardeiul iute și ghimbirul pentru câteva secunde. Adăugați carnea și sosul de soia și prăjiți până se înmoaie. Adăugați ardeii verzi, amestecați bine și prăjiți timp de 2 minute. Serviți imediat.

Carne de vită murată chinezească

Porti 4

100g/4oz muraturi chinezesti, tocate
450g/1lb friptură slabă, feliată contra bob
30 ml/2 linguri sos de soia
5 ml/1 lingura de sare
2,5 ml/¬Ω lingurita de piper proaspat macinat
60 ml/4 linguri ulei de arahide (arahide).
15 ml/1 lingură făină de porumb (amidon de porumb)

Se amestecă bine toate ingredientele și se pune într-un bol rezistent la cuptor. Pune vasul pe un gratar într-un cuptor cu abur, acoperi și fierbe în apă clocotită timp de 40 de minute până când carnea de vită este gătită.

Friptura cu cartofi

Porti 4

450g/1lb friptură

60 ml/4 linguri ulei de arahide (arahide).

5 ml/1 lingura de sare

2,5 ml/¬Ω lingurita de piper proaspat macinat

1 ceapa, tocata

1 cățel de usturoi, zdrobit

225 g/8 oz cartofi, tăiați cubulețe

175 ml/6 fl oz/¬œ cană bulion de vită

250 ml/8 ml oz/1 cană frunze de țelină mărunțite

30 ml/2 linguri faina de porumb (amidon de porumb)

15 ml/1 lingura sos de soia

60 ml/4 linguri apă

Tăiați friptura în fâșii și apoi în felii subțiri împotriva bobului. Se încălzește uleiul și se prăjește friptura, sarea, piperul, ceapa și usturoiul până se rumenesc ușor. Adăugați cartofii și supa, aduceți la fiert, acoperiți și fierbeți timp de 10 minute. Adăugați frunzele de țelină și gătiți aproximativ 4 minute până se înmoaie. Se amestecă făina de porumb, sosul de soia și apa într-o pastă, se adaugă în tigaie și se fierbe, amestecând, până când sosul se limpezește și se îngroașă.

Carne de vită gătită în roșu

Porti 4

450 g/1 lb carne de vită slabă
120 ml/4 fl oz/¬Ω cană sos de soia
60 ml/4 linguri vin de orez sau sherry uscat
15 ml/1 lingură de zahăr brun
375 ml/13 floz/1¬Ω pahar de apă

Pune carnea, sosul de soia, vinul sau sherry și zahărul într-o tigaie cu bază grea și se aduce la fierbere. Acoperiți și fierbeți timp de 10 minute, întorcându-le o dată sau de două ori. Se amestecă apa și se aduce la fierbere. Acoperiți și fierbeți timp de aproximativ 1 oră până când carnea este fragedă, adăugând puțină apă clocotită dacă este necesar în timpul gătirii dacă carnea devine prea uscată. Serviți cald sau rece.

Frumoasă carne de vită

Porti 4

30 ml/2 linguri ulei de arahide (arahide).
450g/1lb carne macră de vită, tăiată cubulețe
2 cepe (cepe), feliate
2 catei de usturoi, presati
1 felie rădăcină de ghimbir, rasă
2 cuişoare de anason stelat, zdrobite
250 ml/8 ml oz/1 cană sos de soia
30 ml/2 linguri vin de orez sau sherry uscat
30 ml/2 linguri zahăr brun
5 ml/1 lingura de sare
600 ml/1 pt/2¬Ω pahar de apă

Încinge uleiul şi prăjeşte carnea până se rumeneşte uşor. Scurgeți excesul de ulei şi adăugați ceapa, usturoiul, ghimbirul şi anasonul şi prăjiți timp de 2 minute. Adăugați sos de soia, vin sau sherry, zahăr şi sare şi amestecați bine. Adăugați apă, aduceți la fiert, acoperiți și fierbeți timp de 1 oră. Scoateți capacul și fierbeți până când sosul scade.

Carne de vită

Porti 4

750 g/1¬Ω lb carne macră de vită, tăiată cubulețe
250 ml/8 ml oz/1 cană bulion de vită
120 ml/4 fl oz/¬Ω cană sos de soia
60 ml/4 linguri vin de orez sau sherry uscat
45 ml/3 linguri ulei de arahide (arahide).

Puneți carnea de vită, bulionul, sosul de soia și vinul sau sherry într-o tigaie cu bază grea. Se aduce la fierbere și se fierbe, amestecând, până când lichidul se evaporă. Se lasa sa se raceasca apoi se da la frigider. Tăiați carnea cu două furculițe. Se încălzește uleiul apoi se adaugă carnea de vită și se prăjește repede până se îmbracă cu ulei. Continuați să gătiți la foc mediu până când carnea de vită este complet uscată. Se lasa sa se raceasca si se serveste cu taitei sau orez.

Carne de vită tocată în stil de familie

Porti 4

225 g/8 oz carne de vită, tocată

15 ml/1 lingura sos de soia

15 ml/1 lingura sos de stridii

45 ml/3 linguri ulei de arahide (arahide).

1 felie rădăcină de ghimbir, rasă

1 ardei iute rosu, tocat

4 tulpini de telina, taiate in diagonala

15 ml/1 lingura sos de fasole iute

5 ml/1 lingura de sare

15 ml/1 lingura vin de orez sau sherry uscat

5 ml/1 lingură ulei de susan

5 ml/1 lingură oțet de vin

piper proaspăt măcinat

Pune carnea de vita intr-un castron cu sosul de soia si sosul de stridii si lasa-o la marinat 30 de minute. Se incinge uleiul si se prajeste carnea pana se rumeneste usor, apoi se scoate din tigaie. Adăugați ghimbirul și chilli și prăjiți câteva secunde. Adăugați țelina și prăjiți până este pe jumătate fiartă. Adăugați carnea de vită, sosul de fasole iute și sarea și amestecați bine. Adăugați vinul sau sherry, uleiul de susan și oțetul și prăjiți până când carnea de vită este fragedă și ingredientele sunt bine amestecate. Se serveste presarata cu piper.

Carne tocata de vita cu condimente

Porti 4

90 ml/6 linguri ulei de arahide (arahide).
450g/1lb carne macră de vită, tăiată fâșii
50 g/2 oz pastă de fasole chili
piper proaspăt măcinat
15 ml/1 lingură rădăcină de ghimbir rasă
30 ml/2 linguri vin de orez sau sherry uscat
225 g/8 oz țelină, tocată

30 ml/2 linguri sos de soia

5 ml/1 lingură de zahăr

5 ml/1 lingură oțet de vin

Încinge uleiul și prăjește carnea până se rumenește. Se adauga pasta de fasole si piperul si se prajesc 3 minute. Adăugați ghimbirul, vinul sau sherry și țelina și amestecați bine. Se adauga sosul de soia, zaharul si otetul si se prajesc 2 minute.

Carne de vita marinata cu spanac

Porti 4

450 g carne macră de vită, feliată subțire

45 ml/3 linguri vin de orez sau sherry uscat

15 ml/1 lingura sos de soia

5 ml/1 lingură de zahăr

2,5 ml/¬Ω lingură de ulei de susan

450 g spanac

45 ml/3 linguri ulei de arahide (arahide).

2 felii rădăcină de ghimbir, tocată

30 ml/2 linguri supă de vită

5 ml/1 lingură făină de porumb (amidon de porumb)

Aplatizați ușor carnea apăsând-o cu degetele. Amestecați vinul sau sherry, sosul de soia, sherry și uleiul de susan. Se adauga carnea, se acopera si se da la frigider pentru 2 ore, amestecand din cand in cand. Tăiați frunzele de spanac în bucăți mari și tulpinile în felii groase. Încinge 30 ml/2 linguri de ulei și prăjește spanacul și tulpinile de ghimbir timp de 2 minute. Scoateți din tigaie.

Încinge uleiul rămas. Scurgeți carnea, rezervând marinada. Adăugați jumătate din carne în tigaie, întindeți feliile astfel încât să nu se suprapună. Gatiti aproximativ 3 minute pana se rumenesc usor pe ambele parti. Scoateți din tigaie și rumeniți carnea rămasă, apoi scoateți din tigaie. Amestecați sucul și făina de porumb în marinadă. Adăugați amestecul în tigaie și aduceți la fierbere. Adăugați frunzele de spanac, tulpinile și ghimbirul. Gatiti aproximativ 3 minute pana se ofileste spanacul, apoi adaugati carnea. Gatiti inca 1 minut si apoi serviti imediat.

Carne de vită cu fasole neagră și ceapă primăvară

Porti 4

225 g/8 oz carne slabă de vită, feliată subțire

1 ou batut usor

5 ml/1 lingura sos de soia usor

2,5 ml/¬Ω linguriță de vin de orez sau sherry uscat

2,5 ml/¬Ω linguriță de făină de porumb (amidon de porumb)

250 ml/8 ml oz/1 cană ulei de arahide (arahide).

2 catei de usturoi, presati

30 ml/2 linguri sos de fasole neagră

15 ml/1 lingura de apa

6 cepe (cepe), tăiate în felii diagonale

2 felii rădăcină de ghimbir, tocată

Amestecați carnea de vită cu oul, sosul de soia, vinul sau sherry și făina de porumb. Se lasa sa stea 10 minute. Încinge uleiul și prăjește carnea până aproape gata. Scoateți din tavă și scurgeți bine. Se toarnă ulei, cu excepția 15 ml/1 lingură, se reîncălzi și se prăjește usturoiul și sos de fasole neagră timp de 30 de secunde. Adăugați carnea și apa și prăjiți aproximativ 4 minute până când carnea de vită este fragedă.

Între timp, încălzește încă 15 ml/1 lingură de ulei și prăjește puțin ceapa și ghimbirul. Turnați carnea într-un vas de servire încălzit, acoperiți cu ceapa primăvară și serviți.

Carne de vită prăjită cu ceapă primăvară

Porti 4

45 ml/3 linguri ulei de arahide (arahide).
225 g/8 oz carne slabă de vită, feliată subțire
8 cepe (cepe), feliate
75 ml/5 linguri sos de soia
15 ml/1 lingura vin de orez sau sherry uscat
30 ml/2 linguri ulei de susan

Se încălzește uleiul și se prăjește carnea și ceapa până se rumenesc ușor. Adăugați sosul de soia și vinul sau sherry și prăjiți până când carnea este gătită după bunul plac. Se amestecă uleiul de susan înainte de servire.

Carne de vita si ceapa cu sos de peste

Porti 4

350 g/12 oz carne slabă de vită, feliată subțire
15 ml/1 lingură făină de porumb (amidon de porumb)
15 ml/1 lingura de apa
2,5 ml/½ linguriță de vin de orez sau sherry uscat
un praf de bicarbonat de sodiu (bicarbonat de sodiu)
vârf de cuțit de sare
45 ml/3 linguri ulei de arahide (arahide).
6 cepe (cepe), tăiate în 5 cm/2 bucăți
2 catei de usturoi, presati
2 felii de ghimbir, tocate
5 ml/1 lingura sos de peste
2,5 ml/½ lingură sos de stridii

Marinați carnea cu mălai, apă, vin sau sherry, bicarbonat de sodiu și sare timp de 1 oră. Se încălzește 30 ml/2 linguri de ulei și se prăjește carnea de vită cu jumătate de ceapă, jumătate de usturoi și ghimbir până se rumenește bine. Între timp, încălziți uleiul rămas și prăjiți ceapa rămasă, usturoiul și ghimbirul cu sosul de pește și sosul de stridii până se înmoaie. Se amestecă pe ambele și se încălzește înainte de servire.

Carne de vită la abur

Porti 4

450g/1lb carne macră de vită, feliată
5 ml/1 lingură făină de porumb (amidon de porumb)
2 felii rădăcină de ghimbir, tocată
15 ml/1 lingura sos de soia
15 ml/1 lingura vin de orez sau sherry uscat
2,5 ml/¬Ω linguriță de sare
2,5 ml/¬Ω lingură de zahăr
15 ml/1 lingură ulei de arahide (arahide).
2 eșalote (opate), tocate
15 ml/1 lingură pătrunjel cu frunze plate tocat

Pune carnea de vită într-un castron. Amestecați făina de porumb, ghimbirul, sosul de soia, vinul sau sherry, sarea și zahărul, apoi amestecați în carnea de vită. Se lasa sa stea 30 de minute, amestecand din cand in cand. Puneți feliile de carne de vită într-un vas rezistent la căldură și stropiți cu ulei și ceapă primăvară. Se fierbe pe un grătar peste apă clocotită timp de aproximativ 40 de minute până când carnea de vită este gătită. Se serveste presarat cu patrunjel.

Muschiu de vita

Porti 4

15 ml/1 lingură ulei de arahide (arahide).

1 cățel de usturoi, zdrobit

1 felie radacina de ghimbir, tocata

450g/1lb friptură gătită, tăiată cubulețe

45 ml/3 linguri sos de soia

30 ml/2 linguri vin de orez sau sherry uscat

15 ml/1 lingură de zahăr brun

300 ml/¬Ω pt/1¬° cani supa de pui

2 cepe, tăiate în bucăți

2 morcovi, feliați gros

100g/4oz varză, măruntită

Se incinge uleiul cu usturoiul si ghimbirul si se prajesc pana se rumeneste usor usturoiul. Se adauga friptura si se prajeste 5 minute pana se rumeneste. Adăugați sos de soia, vin sau sherry și zahăr, acoperiți și fierbeți timp de 10 minute. Adăugați bulion, aduceți la fierbere, acoperiți și fierbeți timp de aproximativ 30 de minute. Adăugați ceapa, morcovii și varza, acoperiți și fierbeți încă 15 minute.

File de vita fiert

Porti 4

450 g/1 lb piept de vită
45 ml/3 linguri ulei de arahide (arahide).
3 cepe (cepe), feliate
2 felii de rădăcină de ghimbir, tocate
1 cățel de usturoi, zdrobit
120 ml/4 fl oz/¬Ω cană sos de soia
5 ml/1 lingură de zahăr
45 ml/3 linguri vin de orez sau sherry uscat
3 cuișoare de anason
4 morcovi, tăiați cubulețe
225g/8oz varză chinezească
15 ml/1 lingură făină de porumb (amidon de porumb)

45 ml/3 linguri apă

Puneți carnea de vită într-o tigaie și acoperiți doar cu apă. Aduceți la fierbere, acoperiți și fierbeți ușor timp de aproximativ 1½ oră până când carnea este fragedă. Scoateți din tavă și scurgeți bine. Tăiați în cuburi de 2,5 cm/1 și rezervați 250 ml/8 ml oz/1 cană lichid.

Se încălzește uleiul și se prăjește ceapa, ghimbirul și usturoiul pentru câteva secunde. Adăugați sos de soia, zahăr, vin sau sherry și anason și amestecați bine. Adăugați carnea de vită și bulionul rezervat. Aduceți la fierbere, acoperiți și fierbeți timp de 20 de minute. Între timp, gătiți varza chinezească în apă clocotită până când se înmoaie. Transferați carnea și legumele pe o farfurie de servire încălzită. Amestecați făina de porumb și apa, amestecați în sos și gătiți, amestecând, până când sosul se limpezește și se îngroașă. Se toarna peste carne si se serveste cu varza chinezeasca.

Se prăjește carnea

Porti 4

225 g/8 oz carne de vită slabă
45 ml/3 linguri ulei de arahide (arahide).
1 felie radacina de ghimbir, tocata
2 catei de usturoi, presati
2 cepe (cepe), tocate
50g/2oz ciuperci, feliate
1 ardei rosu, taiat felii
225 g/8 oz conopidă
50 g/2 oz mangeout (mazăre de zăpadă)
30 ml/2 linguri sos de soia
15 ml/1 lingură făină de porumb (amidon de porumb)
15 ml/1 lingura vin de orez sau sherry uscat
120 ml/4 fl oz/¬Ω cană de supă de vită

Tăiați carnea de vită subțire împotriva bobului. Se încălzește jumătate din ulei și se prăjește ghimbirul, usturoiul și ceapa până se rumenesc ușor. Se adauga carnea de vita si se prajeste pana se rumeneste apoi se scoate din tigaie. Se încălzește uleiul rămas și se prăjesc legumele până se îmbină cu ulei. Se amestecă bulionul, se aduce la fierbere, se acoperă și se fierbe până când legumele sunt fragede, dar încă crocante. Amestecați sosul de soia, mălaiul și vinul sau sherry și amestecați în tigaie. Se fierbe, amestecand, pana se ingroasa sosul.

Fâșii de friptură

Porti 4

450g/1lb friptură
120 ml/4 fl oz/¬Ω cană sos de soia
120 ml/4 fl oz/¬Ω cană bulion de pui
1 cm/¬Ω în felii de rădăcină de ghimbir
2 catei de usturoi, presati
30 ml/2 linguri vin de orez sau sherry uscat
15 ml/1 lingură de zahăr brun
15 ml/1 lingură ulei de arahide (arahide).

Frecați friptura în frigider și apoi tăiați-o în felii lungi și subțiri. Amestecați toate ingredientele rămase și marinați friptura în amestec timp de aproximativ 6 ore. Așezați friptura pe frigăruile de lemn înmuiate și puneți-o pe grătar pentru câteva minute, până când este gătită după bunul plac, ungeți ocazional cu marinada.

Carne de vită la abur cu cartofi dulci

Porti 4

450 g carne macră de vită, feliată subțire
15 ml/1 lingura sos de fasole neagra
15 ml/1 lingura sos de fasole dulce
15 ml/1 lingura sos de soia
5 ml/1 lingură de zahăr
2 felii rădăcină de ghimbir, tocată
2 cartofi dulci, tăiați cubulețe
30 ml/2 linguri ulei de arahide (arahide).
100 g/4 oz pesmet

15 ml/1 lingura ulei de susan
3 cepe (cepe), tocate mărunt

Pune carnea de vită într-un castron cu sosurile de fasole, sosul de soia, zahărul și ghimbirul și se lasă la marinat 30 de minute. Scoateți carnea din marinată și adăugați cartofii dulci. Lăsați să stea timp de 20 de minute. Aranjați cartofii pe baza unui mic cuptor cu aburi de bambus. Se unge carnea de vită cu pesmet și se aranjează deasupra cartofilor. Acoperiți și fierbeți în apă clocotită timp de 40 de minute.

Se încălzește uleiul de susan și se prăjește ceapa primăvară pentru câteva secunde. Se pune peste carne și se servește.

Muschiu de vita

Porti 4

450 g/1 lb carne de vită slabă
45 ml/3 linguri vin de orez sau sherry uscat
15 ml/1 lingura sos de soia
10 ml/2 linguri sos de stridii
5 ml/1 lingură de zahăr
5 ml/1 lingură făină de porumb (amidon de porumb)
2,5 ml/¬Ω linguriță de bicarbonat de sodiu (bicarbonat de sodiu)
vârf de cuțit de sare

1 cățel de usturoi, zdrobit

30 ml/2 linguri ulei de arahide (arahide).

2 cepe, feliate subțiri

Tăiați carnea peste bob în felii subțiri. Amestecați vinul sau sherry, sosul de soia, sosul de stridii, zahărul, mălaiul, bicarbonatul de sodiu, sarea și usturoiul. Se amestecă carnea, se acoperă și se dă la frigider pentru cel puțin 3 ore. Se încălzește uleiul și se prăjește ceapa aproximativ 5 minute până devine maro auriu. Transferați pe o farfurie de servire încălzită și păstrați la cald. Adăugați puțin din carne în wok, răspândind feliile astfel încât să nu se suprapună. Prăjiți aproximativ 3 minute pe fiecare parte până se rumenește, apoi puneți deasupra ceapă și continuați să prăjiți carnea rămasă.

Pâine prăjită de vită

Porti 4

4 felii de carne de vită slabă

1 ou bătut

50 g/2 oz/¬Ω cană nuci, tocate

4 felii de pâine

ulei pentru prăjire adâncă

Aplatizați feliile de vită și apoi ungeți-le bine cu ou. Se presara cu nuca si se pune deasupra o felie de paine. Încinge uleiul și prăjește carnea și feliile de pâine pentru aproximativ 2 minute. Scoateți din ulei și lăsați să se răcească. Încinge uleiul și prăjește din nou până se rumenește bine.

Carne de vită tofu-chilli

Porti 4

225 g/8 oz carne slabă de vită, mărunțită
1 albus de ou
2,5 ml/¬Ω lingură de ulei de susan
5 ml/1 lingură făină de porumb (amidon de porumb)
vârf de cuțit de sare
250 ml/8 ml oz/1 cană ulei de arahide (arahide).
100 g/4 oz tofu uscat, tăiat fâșii

5 ardei iute roșii, tăiați fâșii

15 ml/1 lingura de apa

1 felie radacina de ghimbir, tocata

10 ml/2 linguri sos de soia

Amestecați carnea de vită cu albușul, jumătate din uleiul de susan, mălai și sare. Încinge uleiul și prăjește carnea până aproape gata. Scoateți din tigaie. Adăugați tofu în tigaie și prăjiți timp de 2 minute, apoi scoateți din tigaie. Adăugați ardeii iute și prăjiți timp de 1 minut. Întoarceți tofu-ul în tigaia cu apa, ghimbirul și sosul de soia și amestecați bine. Adăugați carnea de vită și prăjiți până se amestecă bine. Se serveste stropite cu uleiul de susan ramas.

Carne de vită cu roșii

Porti 4

30 ml/2 linguri ulei de arahide (arahide).

3 cepe (cepe), tăiate în bucăți

225g/8oz carne slabă de vită, tăiată fâșii

60 ml/4 linguri supă de vită

15 ml/1 lingură făină de porumb (amidon de porumb)

45 ml/3 linguri apă

4 roșii, tăiate și tăiate în sferturi

Se incinge uleiul si se caleste ceapa primavara pana se inmoaie. Adăugați carnea de vită și prăjiți până se rumenește. Se amestecă bulionul, se aduce la fierbere, se acoperă și se fierbe timp de 2 minute. Se amestecă făina de porumb și apa, se amestecă în tigaie și se fierbe, amestecând, până se îngroașă sosul. Se amestecă roșiile și se gătesc până se încălzesc.

Carne de vită gătită în roșu cu napi

Porti 4

450 g/1 lb carne de vită slabă
1 felie rădăcină de ghimbir, rasă
1 ceapă (crep), tocată 120 ml/4 floz/¬Ω cană de vin de orez sau sherry uscat
250 ml/8 ml oz/1 cană apă
2 cuișoare de anason
1 nap mic, taiat cubulete
120 ml/4 fl oz/¬Ω cană sos de soia

15 ml/1 lingura de zahar

Pune carnea de vită, ghimbir, ceapa, vinul sau sherry, apa și anasonul într-o tigaie cu bază grea, se aduce la fierbere, se acoperă și se fierbe timp de 45 de minute. Adăugați napul, sosul de soia și zahărul și puțină apă dacă este nevoie, aduceți din nou la fiert, acoperiți și fierbeți încă 45 de minute până când carnea se înmoaie. Lasă-l să se răcească. Scoateți carnea și napii din sos. Tăiați carnea de vită și puneți-o pe o farfurie de servire împreună cu napii. Se strecoară sosul și se servește rece.

Carne de vită cu legume

Porti 4

225 g/8 oz carne de vită slabă
15 ml/1 lingură făină de porumb (amidon de porumb)
15 ml/1 lingura sos de soia
15 ml/1 lingura vin de orez sau sherry uscat
2,5 ml/¬Ω lingură de zahăr
45 ml/3 linguri ulei de arahide (arahide).
1 felie radacina de ghimbir, tocata
2,5 ml/¬Ω linguriță de sare
100g/4oz ceapă, feliată

2 tulpini de telina, feliate
1 ardei rosu, taiat felii
100g/4oz muguri de bambus, feliați
100g/4oz morcovi, feliați
120 ml/4 fl oz/¬Ω cană de supă de vită

Tăiați carnea de vită subțire împotriva bobului și puneți-o într-un castron. Se amestecă făina de porumb, sosul de soia, vinul sau sherry și zahărul, se toarnă peste carne și se amestecă. Lasă-l să stea 30 de minute, întorcându-l din când în când. Se încălzește jumătate din ulei și se prăjește carnea de vită până se rumenește și se scoate din tigaie. Se încălzește uleiul rămas, se adaugă ghimbirul și sarea, apoi se adaugă legumele și se prăjesc până se îmbină cu ulei. Se amestecă bulionul, se aduce la fierbere, se acoperă și se fierbe până când legumele sunt fragede, dar încă crocante. Reveniți carnea de vită în tigaie și amestecați la foc mic timp de aproximativ 1 minut pentru a se încălzi.

Carne de vita fiarta

Porti 4

Butoi de vită de 350 g/12 oz

30 ml/2 linguri de zahăr

30 ml/2 linguri vin de orez sau sherry uscat

30 ml/2 linguri sos de soia

5 ml/1 lingurita scortisoara

2 cepe (cepe), tocate

1 felie radacina de ghimbir, tocata

45 ml/3 linguri ulei de susan

Aduceți o oală cu apă la fiert, adăugați carnea, readuceți apa la fiert și fierbeți repede pentru a sigila carnea. Scoateți din tigaie. Puneți carnea într-o tigaie curată și adăugați toate ingredientele rămase, rezervând 15 ml/1 lingură ulei de susan. Umpleți cratita cu apă cât să acopere carnea, aduceți la fiert, acoperiți și fierbeți ușor timp de aproximativ 1 oră până când carnea este fragedă. Stropiți cu uleiul de susan rămas înainte de servire.

Friptură umplută

Porțiune 4, 6

Friptură de 675 g/1¬Ω lb într-o singură bucată

60 ml/4 linguri otet de vin

30 ml/2 linguri de zahăr

10 ml/2 linguri sos de soia

2,5 ml/¬Ω lingurita de piper proaspat macinat

2,5 ml/¬Ω linguriță cuişoare întregi

5 ml/1 lingurita scortisoara macinata

1 frunză de dafin, zdrobită

225 g/8 oz orez cu bob lung gătit

5 ml/1 lingură pătrunjel proaspăt tocat

vârf de cuțit de sare

30 ml/2 linguri ulei de arahide (arahide).

30 ml/2 linguri untură

1 ceapă, feliată

Pune friptura într-un castron mare. Punem la fiert otetul de vin, zaharul, sosul de soia, ardeiul, cuisoarele, scortisoara si frunza de dafin si apoi lasam sa se raceasca. Se toarnă peste friptură, se acoperă şi se lasă la marinat la frigider peste noapte, întorcându-le din când în când.

Se amestecă orezul, pătrunjelul, sarea şi uleiul. Scurgeți carnea de vită şi întindeți amestecul peste friptură, rulați și legați bine cu sfoară. Se topeşte untura, se adaugă ceapa şi friptura și se prăjesc până se rumenesc pe toate părțile. Adăugați apă cât să acopere friptura, acoperiți și fierbeți timp de 1 oră sau până când carnea este fragedă.

Galuste de vita

Porti 4

450 g/1 lb făină simplă (pentru utilizări).
1 plic de drojdie de amestecare usoara
10 ml/2 linguri de zahar pudra
5 ml/1 lingura de sare
300 ml/¬Ω pt/1¬° căni de lapte sau apă caldă
30 ml/2 linguri ulei de arahide (arahide).
225g/8oz carne de vită (măcinată).
1 ceapa, tocata

2 bucăți de rădăcină de ghimbir, tocate

50g/2oz caju, tocate

2,5 ml/¬Ω linguriță praf de cinci condimente

15 ml/1 lingura sos de soia

30 ml/2 linguri sos hoisin

2,5 ml/¬Ω lingură de oțet de vin

15 ml/1 lingură făină de porumb (amidon de porumb)

45 ml/3 linguri apă

Se amestecă făina, drojdia, zahărul, sarea și laptele sau apa căluță și se amestecă într-un aluat moale. Acoperiți și lăsați la loc cald timp de 45 de minute. Încinge uleiul și prăjește carnea până se rumenește ușor. Se adaugă ceapa, ghimbirul, caju, pudra cu cinci condimente, sosul de soia, sosul hoisin și oțetul de vin și se aduce la fierbere. Se amestecă făina de porumb și apa, se amestecă în sos și se fierbe timp de 2 minute. Lasă-l să se răcească. Modelați aluatul în 16 bile. Apăsați în jos, puneți niște umplutură în fiecare și închideți aluatul în jurul umpluturii. Puneți într-un cuptor cu aburi într-un wok sau tigaie, acoperiți și fierbeți în apă cu sare timp de aproximativ 30 de minute.

Chiftele crocante

Porti 4

225g/8oz carne de vită (măcinată).
100g/4oz castane de apă, tocate
2 ouă, bătute
5 ml/1 lingurita coaja de portocala rasa
5 ml/1 lingură rădăcină de ghimbir rasă
5 ml/1 lingura de sare
15 ml/1 lingură făină de porumb (amidon de porumb)
225 g/8 oz/2 căni de făină simplă (universală).
5 ml/1 linguriță praf de copt
300 ml/¬Ω pt/1¬Ω pahare cu apă
15 ml/1 lingură ulei de arahide (arahide).
ulei pentru prăjire adâncă

Amestecați carnea de vită, castane de apă, 1 ou, coaja de portocală, ghimbir, sare și mălai. Formați bile mici. Puneți într-un castron într-un cuptor cu aburi peste apă clocotită și fierbeți la abur timp de aproximativ 20 de minute până când sunt fierte. Lasă-l să se răcească.

Se amestecă făina, praful de copt, oul rămas, apa și uleiul de arahide într-un aluat gros. Înmuiați chiftelele în aluat. Încinge uleiul și prăjește chiftelele până se rumenesc.

Carne tocată de vită cu nuci caju

Porti 4

450g/1lb carne de vită (măcinată).

¬Ω albuș de ou

5 ml/1 lingura sos de stridii

5 ml/1 lingura sos de soia usor

câteva picături de ulei de susan

25 g/1 oz pătrunjel proaspăt, tocat

45 ml/3 linguri ulei de arahide (arahide).

25 g/1 oz/¬° ceasca de caju, tocate

15 ml/1 lingură bulion de vită

4 frunze mari de salata verde

Se amestecă carnea de vită cu albușul, sosul de stridii, sosul de soia, uleiul de susan și pătrunjelul și se lasă să stea. Se incinge jumatate din ulei si se prajesc nucile caju pana devin maro deschis si apoi se scot din tigaie. Se încălzește uleiul rămas și se prăjește amestecul de carne până se rumenește. Adăugați lichidul și continuați să prăjiți până când aproape tot lichidul s-a evaporat. Puneți frunzele de salată verde pe o farfurie de servire încălzită și puneți carnea cu lingura. Se serveste presarata cu nuci caju prajite

Carne de vită în sos roșu

Porti 4

60 ml/4 linguri ulei de arahide (arahide).
450g/1lb carne de vită (măcinată).
1 ceapa, tocata
1 ardei rosu, tocat
1 ardei verde, tocat
2 felii de ananas, feliate
45 ml/3 linguri sos de soia
45 ml/3 linguri vin alb sec
30 ml/2 linguri otet de vin
30 ml/2 linguri de miere

300 ml/¬Ω pt/1¬° cană bulion de vită
sare si piper proaspat macinat
câteva picături de ulei de piper

Încinge uleiul și prăjește carnea până se rumenește ușor. Se adauga legumele si ananasul si se prajesc 3 minute. Adăugați sos de soia, vin, oțet de vin, miere și bulion. Aduceți la fierbere, acoperiți și fierbeți timp de 30 de minute până când sunt fierte. Se potriveste dupa gust cu sare, piper si ulei de chili.

Biluțe de vită cu orez lipicios

Porti 4

225g/8oz orez glutinos
450g/1lb carne de vită slabă, tocată (măcinată)
1 felie rădăcină de ghimbir, rasă
1 ceapa mica, tocata
1 ou batut usor
15 ml/1 lingura sos de soia
2,5 ml/¬Ω linguriță de făină de porumb (amidon de porumb)
2,5 ml/¬Ω lingură de zahăr
2,5 ml/¬Ω linguriță de sare
5 ml/1 lingurita vin de orez sau sherry uscat

Înmuiați orezul timp de 30 de minute apoi scurgeți-l și puneți-l pe o farfurie. Amestecați carnea de vită, ghimbirul, ceapa, oul, sosul de soia, mălaiul, zahărul, sarea și vinul sau sherry. Formați bile de mărimea unei nuci. Rulați chiftelele în orez pentru a le acoperi complet, apoi aranjați-le într-un vas rezistent la cuptor, cu spații între ele. Se fierbe pe un grătar peste apă fierbinte timp de 30 de minute. Se serveste cu sos de soia si mustar chinezesc.

Chiftele cu sos dulce-acru

Porti 4

450g/1lb carne de vită (măcinată).
1 ceapa, tocata marunt
25 g/1 oz castane de apă, tocate mărunt
15 ml/1 lingura sos de soia
15 ml/1 lingura vin de orez sau sherry uscat
1 ou bătut
100 g/4 oz/¬Ω cană făină de porumb (amidon de porumb)
ulei pentru prăjire adâncă

Pentru sos:

15 ml/1 lingură ulei de arahide (arahide).
1 ardei verde, taiat cubulete

100 g/4 oz bucăți de ananas în sirop
100 g/4 oz Murături dulci mixte chinezești
100 g/4 oz/½ cană de zahăr brun
120 ml/4 fl oz/½ cană bulion de pui
60 ml/4 linguri otet de vin
15 ml/1 lingură piure de roșii (pastă)
15 ml/1 lingură făină de porumb (amidon de porumb)
15 ml/1 lingura sos de soia
sare si piper proaspat macinat
45 ml/3 linguri nucă de cocos rasă

Amestecați carnea de vită, ceapa, castanele de apă, sosul de soia și vinul sau sherry. Formați bile mici și rulați în ou bătut apoi în mălai. Se prajesc in ulei incins cateva minute pana se rumenesc. Transferați pe o farfurie de servire încălzită și păstrați la cald.

Între timp, încălziți uleiul și prăjiți ardeiul timp de 2 minute. Adaugati 30 ml/2 linguri sirop de ananas, 15 ml/1 lingura otet de murat, zahar, bulion, otet de vin, piure de rosii, porumb si sos de soia. Se amestecă bine, se lasă să fiarbă și se fierbe până când masa se limpezește și se îngroașă. Scurgeți ananasul și murăturile rămase și adăugați în tigaie. Se fierbe, amestecând, timp de 2 minute. Se toarnă peste chiftele și se servește stropite cu nucă de cocos.

Budincă de carne la abur

Porti 4

6 ciuperci chinezești uscate

225g/8oz carne de vită (măcinată).

225g/8oz carne de porc măcinată (măcinată).

1 ceapa taiata cubulete

20 ml/2 linguri bucăți de mango

30 ml/2 linguri sos hoisin

30 ml/2 linguri sos de soia

5 ml/1 linguriță pudră de cinci condimente

1 cățel de usturoi, zdrobit

5 ml/1 lingura de sare

1 ou bătut

45 ml/3 linguri faina de porumb (faina de porumb)

60 ml/4 linguri naut tocat

10 frunze de varză

300 ml/¬Ω pt/1¬° cană bulion de vită

Înmuiați ciupercile în apă caldă timp de 30 de minute și apoi scurgeți. Aruncați capacele și tăiați capacele. Amestecați carnea tocată de vită, ceapa, chutney, sosul hoisin, sosul de soia, pudra cu cinci condimente și usturoiul și asezonați cu sare. Adăugați oul și făina de porumb și amestecați năutul. Tapetați coșul cu aburi cu frunze de varză. Formați carnea tocată în formă de tort și puneți-o pe frunze. Acoperiți și fierbeți la abur peste bulion care fierbe ușor timp de 30 de minute.

Carne tocata la abur

Porti 4

450g/1lb carne de vită (măcinată).

2 cepe, tocate mărunt

100g/4oz castane de apă, tocate mărunt

sfasiat

60 ml/4 linguri sos de soia

60 ml/4 linguri vin de orez sau sherry uscat

sare si piper proaspat macinat

Amesteca toate ingredientele, asezonand dupa gust cu sare si piper. Apăsați într-un castron mic rezistent la căldură și puneți-l într-un cuptor cu aburi peste apă clocotită. Acoperiți și gătiți la abur timp de aproximativ 20 de minute până când carnea este gătită și vasul și-a dezvoltat sosul delicios.

Tocat prajit cu sos de perle

Porti 4

30 ml/2 linguri ulei de arahide (arahide).
2 catei de usturoi, presati
225g/8oz carne de vită (măcinată).
1 ceapa, tocata
50g/2oz castane de apă, tocate
50g/2oz muguri de bambus, tocați
15 ml/1 lingura sos de soia
30 ml/2 linguri vin de orez sau sherry uscat
15 ml/1 lingura sos de stridii

Încinge uleiul și prăjește usturoiul până se rumenește ușor. Adăugați carnea și amestecați până se rumenește pe toate părțile.

Adăugați ceapa, castanele de apă și lăstarii de bambus și prăjiți timp de 2 minute. Se amestecă sosul de soia și vinul sau sherry, se acoperă și se fierbe timp de 4 minute.

Rulouri de vită

Porti 4

350g/12oz carne de vită (măcinată).
1 ou bătut
5 ml/1 lingură făină de porumb (amidon de porumb)
5 ml/1 lingura ulei de arahide (arahide).
sare si piper proaspat macinat
4 cepe (cepe), tocate
8 rulouri cu ulei pentru prăjire

Amestecați carnea de vită, oul, mălaiul, uleiul, sarea, piperul și ceapa. Se lasa sa stea 1 ora. Turnați amestecul în fiecare înveliș, îndoiți baza, îndoiți pe părțile laterale și apoi rulați ambalajele, sigilând marginile cu puțină apă. Încinge uleiul și prăjește rulourile până se rumenesc și sunt fierte. Scurgeți bine înainte de servire.

Biluțe de vită și spanac

Porti 4

450g/1lb carne de vită (măcinată).

1 ou

100 g/4 oz pesmet

60 ml/4 linguri apă

15 ml/1 lingură făină de porumb (amidon de porumb)

2,5 ml/¬Ω linguriță de sare

15 ml/1 lingura vin de orez sau sherry uscat

30 ml/2 linguri ulei de arahide (arahide).

45 ml/3 linguri sos de soia

120 ml/4 fl oz/¬Ω cană de supă de vită

350g/12oz spanac, tocat

Amestecați carnea de vită, oul, pesmetul, apa, mălaiul, sarea și vinul sau sherry. Formați bile de mărimea unei nuci. Încinge uleiul și prăjește chiftelele până se rumenesc pe toate părțile. Scoateți din tigaie și scurgeți excesul de ulei. Adăugați sosul de soia și bulionul în tigaie și întoarceți chiftelele. Aduceți la fierbere, acoperiți și fierbeți timp de 30 de minute, întorcându-le din când în când. Gatiti spanacul intr-o tigaie separata pana se inmoaie, apoi adaugati la carnea de vita si incalziti.

Carne de vită prăjită cu tofu

Porti 4

20 ml/4 linguri faina de porumb (amidon de porumb)

10 ml/2 linguri sos de soia

10 ml/2 linguriță vin de orez sau sherry uscat

225g/8oz carne de vită (măcinată).

2,5 ml/¬Ω lingură de zahăr

30 ml/2 linguri ulei de arahide (arahide).

2,5 ml/¬Ω linguriță de sare

1 cățel de usturoi, zdrobit

120 ml/4 fl oz/¬Ω cană de supă de vită

225 g/8 oz tofu, tăiat cubulețe

2 cepe (cepe), tocate

praf de piper proaspat macinat

Se amestecă jumătate din făina de porumb, jumătate din sosul de soia și jumătate din vin sau sherry. Se adaugă la carnea de vită și se amestecă bine. Încinge uleiul și prăjește sarea și usturoiul pentru câteva secunde. Adăugați carnea de vită și prăjiți până se rumenește. Se amestecă lichidul și se aduce la fierbere. Adăugați tofu, acoperiți și gătiți timp de 2 minute. Se amestecă restul de mălai, sosul de soia și vinul sau sherry, se adaugă în tigaie și se fierbe, amestecând, până se îngroașă sosul.

Miel cu sparanghel

Porti 4

350 g/12 oz sparanghel
450 g/1 lb miel slab
45 ml/3 linguri ulei de arahide (arahide).
sare si piper proaspat macinat
2 catei de usturoi, presati
250 ml/8 ml uncie/1 cană lichid
1 roșie, curățată și tăiată în bucăți
15 ml/1 lingură făină de porumb (amidon de porumb)
45 ml/3 linguri apă
15 ml/1 lingura sos de soia

Tăiați sparanghelul în bucăți diagonale și puneți-l într-un bol. Se toarnă peste apă clocotită și se lasă să stea 2 minute apoi se scurge. Tăiați mielul subțire împotriva bobului. Încinge uleiul și prăjește mielul până se rumenește ușor. Adăugați sare, piper și usturoi și prăjiți timp de 5 minute. Se adauga sparanghelul, bulionul si rosiile, se aduce la fierbere, se acopera si se fierbe 2 minute. Amestecați făina de porumb, apa și sosul de soia într-o pastă, amestecați în tigaie și gătiți, amestecând, până când sosul se limpezește și se îngroașă.

Miel la grătar

Porti 4

450 g/1 lb miel slab, tăiat fâșii
120 ml/4 fl oz/¬Ω cană sos de soia
120 ml/4 fl oz/¬Ω cană de vin de orez sau sherry uscat
1 cățel de usturoi, zdrobit
3 cepe (cepe), tocate
5 ml/1 lingură ulei de susan
sare si piper proaspat macinat

Pune mielul într-un castron. Se amestecă ingredientele rămase, se toarnă peste miel și se lasă la marinat 1 oră. Grătiți (fierbeți) peste cărbuni încinși până când mielul este gătit, ungeți cu sos după cum este necesar.

Miel cu fasole verde

Porti 4

450 g/1 lb fasole verde, tăiată fâșii julienne
45 ml/3 linguri ulei de arahide (arahide).
450 g/1 lb miel slab, feliat subțire
250 ml/8 ml uncie/1 cană lichid
5 ml/1 lingura de sare
2,5 ml/¬Ω lingurita de piper proaspat macinat
15 ml/1 lingură făină de porumb (amidon de porumb)
5 ml/1 lingură sos de soia
75 ml/5 linguri apă

Fierbeți fasolea în apă clocotită timp de 3 minute și apoi scurgeți bine. Încinge uleiul și prăjește carnea până se rumenește ușor pe toate părțile. Adăugați bulion, aduceți la fierbere, acoperiți și fierbeți timp de 5 minute. Adăugați fasolea, sare și piper, acoperiți și gătiți timp de 4 minute până când carnea este gătită.

Amestecați făina de porumb, sosul de soia și apa într-o pastă, amestecați în tigaie și gătiți, amestecând, până când sosul se limpezește și se îngroașă.

Miel fiert

Porti 4

450g/1lb umăr de miel cu os, tăiat cubulețe
15 ml/1 lingură ulei de arahide (arahide).
4 cepe (cepe), feliate
10 ml/2 linguri rădăcină de ghimbir rasă
200 ml/¬Ω pt/1¬° cani supa de pui
30 ml/2 linguri de zahăr
30 ml/2 linguri sos de soia
15 ml/1 lingura sos hoisin
15 ml/1 lingura vin de orez sau sherry uscat
5 ml/1 lingură ulei de susan

Se fierbe mielul în apă clocotită timp de 5 minute și apoi se scurge. Încinge uleiul și prăjește mielul aproximativ 5 minute până se rumenește. Scoateți din tavă și scurgeți pe hârtie de bucătărie. Scoateți tot, cu excepția 15 ml/1 lingură de ulei din tigaie. Se încălzeşte uleiul şi se prăjeşte ceapa şi ghimbirul timp de 2 minute. Întoarceţi carnea în tigaie cu ingredientele rămase. Aduceţi la fierbere, acoperiţi şi fierbeţi uşor timp de 1-½ oră până când carnea este fragedă.

Miel cu broccoli

Porti 4

75 ml/5 linguri ulei de arahide (arahide).
1 căţel de usturoi, zdrobit
450 g/1 lb miel, tăiat fâşii
450 g/1 lire buchete de broccoli
250 ml/8 ml uncie/1 cană lichid
5 ml/1 lingura de sare
2,5 ml/-½ lingurita de piper proaspat macinat
30 ml/2 linguri faina de porumb (amidon de porumb)
75 ml/5 linguri apă
5 ml/1 lingură sos de soia

Încinge uleiul şi prăjeşte usturoiul şi mielul până sunt fierte. Adăugaţi broccoli şi supa, aduceţi la fierbere, acoperiţi şi fierbeţi timp de aproximativ 15 minute până când broccoli este fraged. Se condimentează cu sare și piper. Amestecați făina de porumb, apa și sosul de soia într-o pastă, amestecați în tigaie și gătiți, amestecând, până când sosul se limpezește și se îngroașă.

Miel cu castane de apa

Porti 4

350 g/12 oz miel slab, tăiat în bucăți
15 ml/1 lingură ulei de arahide (arahide).
2 cepe (cepe), feliate
2 felii de rădăcină de ghimbir, tocate
2 ardei iute roșii, tocați
600 ml/1 pt/2¬Ω pahar de apă
100g/4oz nap, tăiat cubulețe
1 morcov cuburi
1 baton de scortisoara
2 cuișoare de anason
2,5 ml/¬Ω lingură de zahăr
15 ml/1 lingura sos de soia
15 ml/1 lingura vin de orez sau sherry uscat
100g/4oz castane de apă

15 ml/1 lingură făină de porumb (amidon de porumb)
45 ml/3 linguri apă

Se fierbe mielul în apă clocotită timp de 2 minute și apoi se scurge. Încinge uleiul și prăjește ceapa primăvară, ghimbirul și ardeiul iute timp de 30 de secunde. Se adaugă mielul și se prăjește până se îmbracă bine cu condimente. Adăugați ingredientele rămase, cu excepția castanelor de apă, făina de porumb și apă, aduceți la fiert, acoperiți parțial și fierbeți timp de aproximativ 1 oră până când mielul este fraged. Verificați ocazional și completați cu apă clocotită dacă este necesar. Scorțișoara și anasonul se îndepărtează, se adaugă castanele de apă și se fierb neacoperit aproximativ 5 minute. Amestecați făina de porumb și apa și amestecați puțin în sos. Se fierbe, amestecand, pana se ingroasa sosul. Este posibil să nu aveți nevoie de toată pasta de mălai dacă lăsați sosul să se reducă în timpul gătirii.

Miel cu varză

Porti 4

45 ml/3 linguri ulei de arahide (arahide).

450 g/1 lb miel, feliate subțire

sare si piper negru proaspat macinat

1 cățel de usturoi, zdrobit

450g/1lb varză chinezească, mărunțită

ceașcă de suc 120 ml/4 fl oz/¬Ω

15 ml/1 lingură făină de porumb (amidon de porumb)

15 ml/1 lingura sos de soia

60 ml/4 linguri apă

Încinge uleiul și prăjește mielul, sare, piper și usturoi până se rumenesc ușor. Se adauga varza si se amesteca pana se imbraca cu ulei. Adăugați bulion, aduceți la fierbere, acoperiți și fierbeți timp de 10 minute. Amestecați făina de porumb, sosul de soia și apa într-o pastă, amestecați în tigaie și gătiți, amestecând, până când sosul se limpezește și se îngroașă.

Lamb Chow Mein

Porti 4

450 g taitei cu ou

45 ml/3 linguri ulei de arahide (arahide).

450g/1lb miel, feliat

1 ceapă, feliată

1 inimă de țelină, feliată

100 g/4 oz ciuperci

100 g/4 oz muguri de fasole

20 ml/2 linguri faina de porumb (amidon de porumb)

175 ml/6 fl oz/¬œ cană de apă

sare si piper proaspat macinat

Gătiți tăițeii în apă clocotită aproximativ 8 minute și apoi scurgeți. Încinge uleiul și prăjește mielul până se rumenește ușor. Adăugați ceapa, țelina, ciupercile și mugurii de fasole

amestecați timp de 5 minute. Se amestecă făina de porumb și apa, se toarnă în tigaie și se aduce la fierbere. Se fierbe, amestecand, pana se ingroasa sosul. Se toarnă peste tăiței și se servește imediat.

Curry de miel

Porti 4

30 ml/2 linguri ulei de arahide (arahide).

2 catei de usturoi, presati

1 felie rădăcină de ghimbir, rasă

450g/1lb miel slab, tăiat cubulețe

100g/4oz cartofi, tăiați cubulețe

2 morcovi, tăiați cubulețe

15 ml/1 lingură pudră de curry

250 ml/8 ml oz/1 cană supă de pui

100g/4oz ciuperci, feliate

1 ardei verde taiat cubulete

50g/2oz castane de apă, feliate

Se încălzește uleiul și se prăjește usturoiul și ghimbirul până se rumenesc deschis. Adăugați mielul și prăjiți timp de 5 minute. Adăugați cartofii și morcovii și prăjiți timp de 3 minute. Adăugați pudră de curry și prăjiți timp de 1 minut. Se amestecă bulionul, se aduce la fierbere, se acoperă și se fierbe timp de aproximativ 25 de minute. Se adauga ciupercile, ardeiul si castanele de apa si se fierbe 5 minute. Dacă preferați un sos mai gros, fierbeți câteva minute pentru a reduce sosul sau îngroșați cu 15 ml/1 lingură făină de porumb amestecată cu puțină apă.

Miel parfumat

Porti 4

30 ml/2 linguri ulei de arahide (arahide).
450g/1lb miel slab, tăiat cubulețe
2 cepe (cepe), tocate
1 cățel de usturoi, zdrobit
1 felie rădăcină de ghimbir, rasă
120 ml/4 fl oz/¬Ω cană sos de soia
15 ml/1 lingura vin de orez sau sherry uscat
15 ml/1 lingură de zahăr brun
2,5 ml/¬Ω linguriță de sare
piper proaspăt măcinat
300 ml/¬Ω pt/1¬° pahar de apă

Încinge uleiul și prăjește mielul până se rumenește ușor. Adăugați ceapa, usturoiul și ghimbirul și prăjiți timp de 2 minute. Adaugati sos de soia, vin sau sherry, zahar si sare si asezonati cu piper dupa gust. Se amestecă bine ingredientele. Adăugați apa, aduceți la fiert, acoperiți și fierbeți timp de 2 ore.

Cuburi de miel la gratar

Porti 4

120 ml/4 fl oz/¬Ω cană ulei de arahide (arahide).

60 ml/4 linguri otet de vin

2 catei de usturoi, presati

15 ml/1 lingura sos de soia

5 ml/1 lingura de sare

2,5 ml/¬Ω lingurita de piper proaspat macinat

2,5 ml/¬Ω lingură de oregano

450g/1lb miel slab, tăiat cubulețe

Se amestecă toate ingredientele, se acoperă și se lasă la marinat peste noapte. Scurge-l. Așezați carnea pe un grătar și puneți-o la grătar timp de aproximativ 15 minute, întorcându-se de câteva ori, până când mielul este fraged și ușor rumenit.

Miel cu Mangetout

Porti 4

2 catei de usturoi, presati
2,5 ml/¬Ω linguriță de sare
450 g/1 lb miel, tăiat cubulețe
30 ml/ 2 linguri faina de porumb (amidon de porumb)
30 ml/2 linguri ulei de arahide (arahide).
450 g/1 lb mangeout (mazăre de zăpadă), tăiată în 4
250 ml/8 ml oz/1 cană supă de pui
10 ml/2 lingurițe coajă de lămâie rasă
30 ml/2 linguri de miere
30 ml/2 linguri sos de soia
5 ml/1 lingurita coriandru macinat
5 ml/1 lingură semințe de chimen, măcinate
30 ml/2 linguri piure de roșii (pastă)

30 ml/2 linguri otet de vin

Se amestecă usturoiul și sarea și se aruncă cu mielul. Acoperiți mielul în mălai. Se încălzește uleiul și se prăjește mielul până este fiert. Adăugați mangeout și prăjiți timp de 2 minute. Se amestecă făina de porumb rămasă cu lichidul și se toarnă în tigaie cu ingredientele rămase. Se aduce la fierbere, amestecând, apoi se fierbe timp de 3 minute.

Miel marinat

Porti 4

450 g/1 lb miel slab
2 catei de usturoi, presati
5 ml/1 lingura de sare
120 ml/4 fl oz/¬Ω cană sos de soia
5 ml/1 linguriță sare de țelină
ulei pentru prăjire adâncă

Puneți mielul într-o oală și acoperiți doar cu apă rece. Adăugați usturoiul și sarea, aduceți la fiert, acoperiți și fierbeți timp de 1 oră până când mielul este fiert. Scoateți din tigaie și scurgeți. Asezam mielul intr-un bol, adaugam sosul de soia si stropim cu sare de telina. Acoperiți și lăsați la marinat 2 ore sau peste noapte. Tăiați mielul în bucăți mici. Se încălzește uleiul și se prăjește mielul până se înmoaie. Scurgeți bine înainte de servire.

Miel cu ciuperci

Porti 4

45 ml/3 linguri ulei de arahide (arahide).
350g/12oz ciuperci, feliate
100g/4oz muguri de bambus, feliați
3 felii de rădăcină de ghimbir, tocate
450 g/1 lb miel, feliate subțire
250 ml/8 ml uncie/1 cană lichid
15 ml/1 lingură făină de porumb (amidon de porumb)
15 ml/1 lingura sos de soia
60 ml/4 linguri apă

Se încălzește uleiul și se prăjesc ciupercile, lăstarii de bambus și ghimbirul timp de 3 minute. Adăugați mielul și prăjiți până se rumenește ușor. Adăugați bulionul, aduceți la fierbere, acoperiți și fierbeți timp de aproximativ 30 de minute până când mielul este fiert și sosul s-a redus la jumătate. Amestecați făina de porumb, sosul de soia și apa, amestecați în tigaie și gătiți, amestecând, până când sosul se limpezește și se îngroașă.

Miel cu sos de perle

Porti 4

30 ml/2 linguri ulei de arahide (arahide).
1 cățel de usturoi, zdrobit
1 felie de ghimbir, tocata marunt
450g/1lb slab, feliat
250 ml/8 ml uncie/1 cană lichid
30 ml/2 linguri sos de stridii
15 ml/1 lingură vin de orez sau sherry
5 ml/1 lingură de zahăr

Se încălzește ulei cu usturoi și ghimbir și se prăjește până se rumenește deschis. Adăugați mielul și prăjiți aproximativ 3 minute până se rumenește ușor. Adăugați bulionul, sosul de stridii, vinul sau sherry și zahărul, aduceți la fiert, amestecând, apoi acoperiți și fierbeți timp de aproximativ 30 de minute, amestecând din când în când, până când mielul este fiert. Scoateți capacul și continuați să gătiți, amestecând, timp de aproximativ 4 minute până când sosul s-a redus și s-a îngroșat.

Miel gătit în roșu

Porti 4

30 ml/2 linguri ulei de arahide (arahide).
450 g/1 lb cotlete de miel
250 ml/8 ml oz/1 cană supă de pui
1 ceapă, tăiată în bucăți
120 ml/4 fl oz/¬Ω cană sos de soia
5 ml/1 lingura de sare
1 felie radacina de ghimbir, tocata

Încinge uleiul și prăjește cotletele până se rumenesc pe ambele părți. Adăugați ingredientele rămase, aduceți la fierbere, acoperiți și fierbeți timp de aproximativ 1 oră până când mielul este fraged și sosul s-a redus.

Miel cu ceapa primavara

Porti 4

350g/12oz miel slab, tăiat cubulețe
30 ml/2 linguri sos de soia
30 ml/2 linguri vin de orez sau sherry uscat
30 ml/2 linguri ulei de arahide (arahide).
2 catei de usturoi, presati
8 cepe (cepe), feliate groase

Pune mielul într-un castron. Se amestecă 15 ml/1 lingură sos de soia, 15 ml/1 lingură vin sau sherry și 15 ml/1 lingură ulei și se amestecă în carne de miel. Se lasă la marinat 30 de minute. Se încălzește uleiul rămas și se prăjește usturoiul până se rumenește ușor. Scurgeți carnea, adăugați-o în tigaie și prăjiți timp de 3 minute. Adăugați ceapa proaspătă și prăjiți timp de 2 minute. Adăugați marinada rămasă și sosul de soia și vinul sau sherry și soțiți timp de 3 minute.

Fripturi fragede de miel

Porți 4

450 g/1 lb miel slab
15 ml/1 lingura sos de soia
10 ml/2 linguriță vin de orez sau sherry uscat
2,5 ml/¬Ω linguriță de sare
1 ceapa mica, tocata
45 ml/3 linguri ulei de arahide (arahide).

Tăiați mielul subțire împotriva bobului și puneți-l într-un castron. Amestecați sosul de soia, vinul sau sherry, sarea și uleiul, turnați peste miel, acoperiți și marinați timp de 1 oră. Scurgeți bine. Încinge uleiul și prăjește mielul aproximativ 2 minute până se înmoaie.

tocană de miel

Porti 4

45 ml/3 linguri ulei de arahide (arahide).

2 catei de usturoi, presati

5 ml/1 lingură sos de soia

450g/1lb miel slab, tăiat cubulețe

piper proaspăt măcinat

30 ml/2 linguri făină simplă (toate scopuri).

300 ml/¬Ω pt/1¬° pahar de apă

15 ml/1 lingură piure de roșii (pastă)

1 frunză de dafin

100g/4oz ciuperci, tăiate la jumătate

3 morcovi, tăiați în sferturi

6 cepe mici, taiate in patru

15 ml/1 lingura de zahar
1 tulpină de țelină, feliată
3 cartofi taiati cubulete
15 ml/1 lingura vin de orez sau sherry uscat
50 g/2 oz mazăre
15 ml/1 lingură pătrunjel proaspăt tocat

Încinge jumătate din ulei. Se amestecă usturoiul și sosul de soia cu mielul și se condimentează cu piper. Prăjiți carnea până se rumenește ușor. Stropiți-le cu făină și gătiți, amestecând până când făina se absoarbe. Adăugați apă, piureul de roșii și frunza de dafin, aduceți la fiert, acoperiți și fierbeți timp de 30 de minute. Încinge uleiul rămas și prăjește ciupercile timp de 3 minute, apoi scoate-le din tigaie. Adăugați morcovii și ceapa în tigaie și prăjiți timp de 2 minute. Se presară cu zahăr și se încălzește până când legumele strălucesc. Adăugați în tocană ciupercile, morcovii, ceapa, țelina și cartofii, acoperiți din nou și fierbeți încă 1 oră. Adăugați vinul sau sherry, mazărea și pătrunjelul, acoperiți și fierbeți încă 30 de minute.

Miel prăjit

Porti 4

350 g/12 oz miel slab, tăiat fâşii
1 felie radacina de ghimbir, tocata marunt
3 oua, batute
45 ml/3 linguri ulei de arahide (arahide).
2,5 ml/¬Ω linguriţă de sare
5 ml/1 lingurita vin de orez sau sherry uscat

Amestecaţi mielul, ghimbirul şi ouăle. Se încălzeşte uleiul şi se prăjeşte amestecul de miel timp de 2 minute. Se amestecă sarea şi vinul sau sherry şi se prăjesc timp de 2 minute.

Miel și legume

Porti 4

225g/8oz miel slab, feliat
100g/4oz muguri de bambus, feliați
100g/4oz castane de apă, feliate
100g/4oz ciuperci, feliate
30 ml/2 linguri ulei de arahide (arahide).
30 ml/2 linguri sos de soia
30 ml/2 linguri vin de orez sau sherry uscat
2 catei de usturoi, presati
4 cepe (cepe), feliate
150 ml/¬° pt/generoasa ¬Ω cana supa de pui
15 ml/1 lingura ulei de susan
15 ml/1 lingură făină de porumb (amidon de porumb)

Amestecați mielul, lăstarii de bambus, castanele de apă și ciupercile. Se amestecă 15 ml/1 lingură ulei, 15 ml/1 lingură sos de soia și 15 ml/1 lingură vin sau sherry și se toarnă peste amestecul de miel. Se lasa la marinat 1 ora. Se încălzește uleiul rămas și se prăjește usturoiul până se rumenește ușor. Adăugați amestecul de carne și prăjiți până se rumenește. Aruncați ceapa primăvară și adăugați sosul de soia rămas și vinul sau sherry, cea mai mare parte din bulion și uleiul de susan. Aduceți la fiert în timp ce amestecați, acoperiți și fierbeți timp de 10 minute. Amestecați făina de porumb cu lichidul rămas, amestecați-o în sos și gătiți, amestecând, până când sosul se limpezește și se îngroașă.

Miel cu tofu

Porti 4

60 ml/4 linguri ulei de arahide (arahide).
450 g/1 lb miel slab, măcinat grosier
3 catei de usturoi, presati
2 cepe (cepe), tocate

4 castane de apă, tăiate cubuleţe

5 ml/1 lingurita coaja de portocala rasa

15 ml/1 lingura sos de soia

vârf de cuţit de sare

100 g/4 oz tofu, tăiat cubuleţe

2,5 ml/½ lingură sos de stridii

2,5 ml/½ lingură de ulei de susan

Se încălzeşte jumătate din ulei şi se prăjeşte mielul, usturoiul şi ceapa până se rumenesc uşor. Adauga castane de apa, coaja de portocala si sosul de soia si apa clocotita cat sa acopere carnea. Reveniţi la fiert, acoperiţi şi fierbeţi timp de aproximativ 30 de minute până când mielul este foarte fraged. Între timp, încălziţi uleiul rămas şi prăjiţi tofu până se rumeneşte uşor. Il adaugam in mielul cu sosul de stridii si uleiul de susan si il lasam sa fiarba neacoperit 5 minute.

Miel fript

Porțiune 4, 6

2 kg/4 lb pulpă de miel

120 ml/4 fl oz/½ cană sos de soia

1 ceapa, tocata marunt

2 catei de usturoi, presati

1 felie radacina de ghimbir, tocata

50 g/2 oz/¼ cană de zahăr brun

30 ml/2 linguri vin de orez sau sherry uscat

30 ml/2 linguri piure de roșii (pastă)

15 ml/1 lingura de otet de vin

15 ml/1 lingură suc de lămâie

Pune mielul într-un castron. Curățați ingredientele rămase apoi turnați peste miel, acoperiți și dați la frigider peste noapte, întorcând și curățând ocazional.

Prăjiți mielul într-un cuptor preîncălzit la 220°C/425°F/gaz 7 timp de 10 minute, apoi reduceți căldura la 190°C/375°F/gaz 5 și continuați să gătiți timp de 20 de minute pentru 450g/1lb plus 20 de minute, periând ocazional cu marinată.

Friptură de miel cu muștar

Porți 8

75 ml/5 linguri muștar preparat

15 ml/1 lingura sos de soia

1 cățel de usturoi, zdrobit

5 ml/1 lingura cimbru proaspat tocat

1 felie rădăcină de ghimbir, rasă

15 ml/1 lingură ulei de arahide (arahide).

1,25 kg/3lb pulpă de miel

Amestecă toate ingredientele de condimente până devine cremoasă. Se intinde peste miel si se lasa sa stea cateva ore. Coaceți într-un cuptor preîncălzit la 180°C/350°F/marca de gaz 4 pentru aproximativ 1½ oră.

Piept de Miel Umplut

Serveşte 6°C8

1 piept de miel

225 g/8 oz orez cu bob lung gătit

1 ardei verde mic, tocat

2 cepe (cepe), tocate

90 ml/6 linguri ulei de arahide (arahide).

sare si piper proaspat macinat

375 ml/13 floz/1¬Ω pahar de apă

15 ml/1 lingură făină de porumb (amidon de porumb)

15 ml/1 lingura sos de soia

Tăiaţi un buzunar în capătul lat al pieptului de miel. Amestecaţi orezul, piperul, ceapa primăvară, 30 ml/2 linguri ulei, sare şi piper şi umpleţi cavitatea cu amestecul. Asiguraţi capătul cu sfoară. Încinge uleiul rămas şi prăjeşte mielul până se rumeneşte uşor pe toate părţile. Asezonaţi cu sare şi piper, adăugaţi 250 ml/8 floz/1 cană de apă, aduceţi la fiert, acoperiţi şi fierbeţi timp de 2 ore sau până când carnea este fragedă. Amestecaţi făina de porumb, sosul de soia și apa rămasă împreună, amestecați în tigaie și gătiți, amestecând, până când sosul se limpezește și se îngroașă.

Miel fript

Porti 4

100 g/4 oz pesmet

4 oua fierte tari (fierte tari), tocate

225g/8oz miel fiert, tocat

300 ml/¬Ω pt/1¬° cani de lichid

15 ml/1 lingura sos de soia

15 ml/1 lingură făină de porumb (amidon de porumb)

30 ml/2 linguri apă

Aranjați pesmetul, ouăle fierte și mielul în straturi într-un vas rezistent la cuptor. Aduceți bulionul și sosul de soia la fiert într-o oală. Amestecați făina de porumb și apa, amestecați lichidul și gătiți, amestecând, până când sosul se îngroașă. Se toarnă peste amestecul de miel, se acoperă și se coace în cuptorul preîncălzit la 180¬∞C/350¬∞C/gaz 4 pentru aproximativ 25 de minute până se rumenesc.

Miel și orez

Porti 4

30 ml/2 linguri ulei de arahide (arahide).
350g/12oz miel fiert, tăiat cubulețe
Pahare pentru suc de 600 ml/1 pt/2¬Ω
10 ml/2 linguri sare
10 ml/2 linguri sos de soia
4 cepe tăiate în sferturi
2 morcovi, feliați
50 g/2 oz mazăre
15 ml/1 lingură făină de porumb (amidon de porumb)
30 ml/2 linguri apă
350g/12oz orez cu bob lung, fierbinte

Încinge uleiul și prăjește mielul până se rumenește ușor. Adăugați bulion, sare și sos de soia, aduceți la fiert, acoperiți și fierbeți timp de 10 minute. Adăugați ceapa, morcovii și mazărea, acoperiți și fierbeți timp de 20 de minute până când legumele sunt fragede. Se toarnă lichidul într-o cratiță. Amestecați făina de porumb și apa, amestecați în sos și gătiți, amestecând, până când sosul se limpezește și se îngroașă. Aranjați orezul pe o farfurie de servire încălzită și puneți deasupra amestecul de miel. Se toarnă sosul deasupra și se servește imediat.

Miel de salcie

Porții 3

450 g/1 lb miel slab
1 ou batut usor
30 ml/2 linguri sos de soia
5 ml/1 lingură făină de porumb (amidon de porumb)
vârf de cuțit de sare
ulei pentru prăjire adâncă
1 morcov mic, ras
1 cățel de usturoi, zdrobit
2,5 ml/¬Ω lingură de zahăr
2,5 ml/¬Ω lingură de oțet de vin
2,5 ml/¬Ω linguriță de vin de orez sau sherry uscat
piper proaspăt măcinat

Tăiați mielul în fâșii subțiri de aproximativ 5 cm/2 lungime. Se amestecă oul, 15 ml/1 lingură sos de soia, mălaiul și sarea, se amestecă cu mielul și se lasă la marinat pentru încă 30 de minute. Se încălzește uleiul și se prăjește mielul până se fierbe pe jumătate. Scoateți din tigaie și scurgeți. Adăugați tot, cu excepția 30 ml/2 linguri de ulei și prăjiți morcovul și usturoiul timp de 1 minut. Adăugați mielul și ingredientele rămase și prăjiți timp de 3 minute.

Carne de porc cu migdale

Porti 4

60 ml/4 linguri ulei de arahide (arahide).
50 g/2 oz/½ cană de migdale felii
350g/12oz carne de porc, tăiată cubulețe
100 g/4 oz muguri de bambus, tăiați cubulețe
3 tulpini de telina, taiate cubulete
50 g/2 oz mazăre
4 castane de apă, tăiate cubulețe
100g/4oz ciuperci, tăiate cubulețe
250 ml/8 ml uncie/1 cană lichid
45 ml/3 linguri sos de soia
sare si piper proaspat macinat

Încinge uleiul și prăjește migdalele până capătă o culoare maro deschis. Se toarnă mare parte din ulei, se adaugă carnea de porc și se prăjește timp de 1 minut. Adăugați lăstarii de bambus, țelina, mazărea, castanele de apă și ciupercile și prăjiți timp de 1 minut. Adăugați bulionul, sosul de soia, sare și piper, aduceți la fierbere, acoperiți și fierbeți timp de 10 minute.

Carne de porc cu tulpini de bambus

Porti 4

30 ml/2 linguri ulei de arahide (arahide).
450g/1lb carne de porc slabă, tăiată cubulețe
3 cepe (cepe), feliate
2 catei de usturoi, presati
1 felie rădăcină de ghimbir, rasă
250 ml/8 ml oz/1 cană sos de soia
30 ml/2 linguri vin de orez sau sherry uscat
30 ml/2 linguri zahăr brun
5 ml/1 lingura de sare
600 ml/1 pt/2½ căni de apă
100g/4oz muguri de bambus, feliați

Încinge uleiul și prăjește carnea de porc până se rumenește. Scurgeți excesul de ulei, adăugați ceapa, usturoiul și ghimbirul și prăjiți timp de 2 minute. Adăugați sos de soia, vin sau sherry, zahăr și sare și amestecați bine. Adăugați apa, aduceți la fiert, acoperiți și fierbeți timp de 45 de minute. Adăugați lăstarii de bambus, acoperiți și fierbeți încă 20 de minute.

Carne de porc la gratar

Porti 4

2 file de porc

30 ml/2 linguri vin rosu

15 ml/1 lingură de zahăr brun

15 ml/1 lingură de miere

60 ml/4 linguri sos de soia

2,5 ml/½ linguriță scorțișoară

10 ml/2 linguri colorant alimentar roșu (opțional)

1 cățel de usturoi, zdrobit

1 ceapă (crep), tăiată bucăți

Puneți carnea într-un bol. Se amestecă toate ingredientele rămase, se toarnă peste carnea de porc și se lasă la marinat 2 ore, întorcându-le din când în când. Scurgeți carnea și puneți-o pe un grătar într-o tavă de copt. Gătiți într-un cuptor preîncălzit la 180°C/350°F/gaz 4 timp de aproximativ 45 de minute, întorcând și ungeți cu marinada în timpul gătirii. Serviți felii subțiri.

Varză și fasole

Porti 4

225g/8oz carne de porc slabă, tăiată fâșii
1 felie rădăcină de ghimbir, rasă
30 ml/2 linguri sos de soia
15 ml/1 lingura vin de orez sau sherry uscat
2,5 ml/½ linguriță zahăr
450 g/1 lb muguri de fasole
45 ml/3 linguri ulei de arahide (arahide).
2,5 ml/½ linguriță sare

Amestecați carnea de porc, ghimbirul, 15 ml/1 lingură sos de soia, vinul sau sherry și zahărul. Se albesc mugurii de fasole in apa clocotita timp de 2 minute si apoi se scurg. Se încălzește jumătate din ulei și se prăjește carnea de porc timp de 3 minute până se rumenește ușor. Scoateți din tigaie. Încinge uleiul rămas și prăjește mugurii de fasole cu sare timp de 1 minut. Se presară cu sosul de soia rămas și se prăjește încă 1 minut. Întoarceți carnea de porc în tigaie și prăjiți până se încălzește.

Pui cu tulpini de bambus

Porti 4

45 ml/3 linguri ulei de arahide (arahide).
1 cățel de usturoi, zdrobit
1 ceapă (crep), tocată
1 felie radacina de ghimbir, tocata
225g/8oz piept de pui, tăiat în bucăți
225 g/8 oz muguri de bambus, tăiați în bucăți
45 ml/3 linguri sos de soia
15 ml/1 lingura vin de orez sau sherry uscat
5 ml/1 lingură făină de porumb (amidon de porumb)

Încinge uleiul și prăjește usturoiul, ceapa și ghimbirul până se rumenesc ușor. Adăugați puiul și prăjiți timp de 5 minute. Adăugați lăstarii de bambus și prăjiți timp de 2 minute. Se amestecă sosul de soia, vinul sau sherry și făina de porumb și se prăjesc timp de aproximativ 3 minute până când puiul este gătit.

Şuncă la abur

6–8 porții

900 g/2 lb şuncă proaspătă
30 ml/2 linguri zahăr brun
60 ml/4 linguri vin de orez sau sherry uscat

Puneți şunca într-un vas termorezistent pe un grătar, acoperiți şi fierbeți la abur peste apă clocotită timp de aproximativ 1 oră. Adăugați zahărul şi vinul sau sherry în vas, acoperiți şi fierbeți la abur încă o oră sau până când slănina este gătită. Se lasă să se răcească în bol înainte de a tăia felii.

Şuncă cu varză

Porti 4

4 fasii de bacon, tocate si tocate
2,5 ml/½ linguriță sare
1 felie rădăcină de ghimbir, rasă
½ varză, măruntită
75 ml/5 linguri supa de pui
15 ml/1 lingura sos de stridii

Prăjiți baconul până devine crocant, apoi scoateți-l din tigaie. Adăugați sare și ghimbir și prăjiți timp de 2 minute. Adăugați varza și amestecați bine apoi amestecați slănina și adăugați bulionul, acoperiți și gătiți aproximativ 5 minute până când varza este moale, dar încă puțin crocantă. Adăugați sosul de stridii, acoperiți și fierbeți timp de 1 minut înainte de servire.

Pui cu migdale

Porții 4–6

375 ml/13 ml oz/1½ cani supa de pui
60 ml/4 linguri vin de orez sau sherry uscat
45 ml/3 linguri faina de porumb (faina de porumb)
15 ml/1 lingura sos de soia
4 piept de pui
1 albus de ou
2,5 ml/½ linguriță sare
ulei pentru prăjire adâncă
75 g/3 oz/½ cană migdale albite
1 morcov mare, tăiat cubulețe
5 ml/1 lingură rădăcină de ghimbir rasă
6 cepe (cepe), feliate
3 tulpini de telina, feliate
100g/4oz ciuperci, feliate
100g/4oz muguri de bambus, feliați

Combinați bulionul, jumătate din vin sau sherry, 30 ml/2 linguri de făină de porumb și sosul de soia într-o cratiță. Se aduce la fierbere, amestecând, apoi se fierbe timp de 5 minute până când amestecul se îngroașă. Se ia de pe foc si se tine la cald.

Scoateți pielea și oasele de pui și tăiați-l în bucăți de 2,5 cm/1. Se adauga vinul sau sherry ramas si faina de porumb, albusul de ou si sarea, se adauga bucatile de pui si se amesteca bine. Încinge uleiul și prăjește bucățile de pui pe rând timp de aproximativ 5 minute până se rumenesc. Scurgeți bine. Scoateți tot, cu excepția 30 ml/ 2 linguri de ulei din tigaie și prăjiți migdalele timp de 2 minute până devin aurii. Scurgeți bine. Adăugați morcovul și ghimbirul în tigaie și prăjiți timp de 1 minut. Adăugați legumele rămase și căleți timp de aproximativ 3 minute până când legumele sunt moi, dar încă crocante. Puneți puiul și migdalele în tigaia cu sosul și amestecați la foc mediu câteva minute până se încălzesc.

Pui cu migdale si castane de apa

Porti 4

6 ciuperci chinezești uscate
4 bucăți de pui, cu os
100 g migdale măcinate
sare si piper proaspat macinat
60 ml/4 linguri ulei de arahide (arahide).
100g/4oz castane de apă, feliate
75 ml/5 linguri supa de pui
30 ml/2 linguri sos de soia

Înmuiați ciupercile în apă caldă timp de 30 de minute și apoi scurgeți. Aruncați tulpinile și tăiați capacele. Tăiați puiul în felii subțiri. Condimentam migdalele cu sare si piper si imbracam feliile de pui cu migdale. Încinge uleiul și prăjește puiul până se rumenește ușor. Adăugați ciupercile, castanele de apă, bulionul și sosul de soia, aduceți la fiert, acoperiți și fierbeți câteva minute până când puiul este fiert.

Pui cu migdale si legume

Porti 4

75 ml/5 linguri ulei de arahide (arahide).

4 felii rădăcină de ghimbir, tocată

5 ml/1 lingura de sare

100g/4oz varză chinezească, mărunțită

50 g/2 oz muguri de bambus, tăiați cubulețe

50g/2oz ciuperci, tăiate cubulețe

2 tulpini de telina, taiate cubulete

3 castane de apă, tăiate cubulețe

120 ml/4 ml oz/½ cană bulion de pui

225g/8oz piept de pui, taiat cubulete

15 ml/1 lingura vin de orez sau sherry uscat

50 g/2 oz mangeout (mazăre de zăpadă)

100 g/4 oz migdale felii, prăjite

10 ml/2 linguri faina de porumb (amidon de porumb)

15 ml/1 lingura de apa

Se încălzește jumătate din ulei și se prăjește ghimbirul și sarea timp de 30 de secunde. Se adauga varza, lastarii de bambus, ciupercile, telina si castanele de apa si se prajesc 2 minute. Adăugați bulion, aduceți la fierbere, acoperiți și fierbeți timp de 2 minute. Scoateți legumele și sosul din tigaie. Încinge uleiul rămas și prăjește puiul timp de 1 minut. Adăugați vinul sau sherry și prăjiți timp de 1 minut. Întoarceți legumele în tigaia cu mangeut și migdale și gătiți timp de 30 de secunde. Amestecați făina de porumb și apa, amestecați în sos și gătiți, amestecând, până când sosul se îngroașă.

Pui cu anason

Porti 4

75 ml/5 linguri ulei de arahide (arahide).

2 cepe, tocate

1 catel de usturoi, tocat

2 felii de rădăcină de ghimbir, tocate

15 ml/1 lingură făină simplă (pentru utilizări).

30 ml/2 linguri praf de curry

450 g/1 lb pui, tăiat cubulețe

15 ml/1 lingura de zahar

30 ml/2 linguri sos de soia

450 ml/¾ pt/2 cesti supa de pui

2 cuișoare de anason

225 g/8 oz cartofi, tăiați cubulețe

Se încălzește jumătate din ulei și se prăjește ceapa până se rumenește ușor, apoi se scoate din tigaie. Încinge uleiul rămas și prăjește usturoiul și ghimbirul timp de 30 de secunde. Adăugați făina și praful de curry și gătiți timp de 2 minute. Ceapa se pune înapoi în tigaie, se adaugă puiul și se prăjește timp de 3 minute. Adăugați zahărul, sosul de soia, bulionul și anasonul, aduceți la fiert, acoperiți și fierbeți timp de 15 minute. Adăugați cartofii, reveniți la fierbere, acoperiți și fierbeți încă 20 de minute până când se înmoaie.

Pui cu caise

Porti 4

4 bucati de pui
sare si piper proaspat macinat
un praf de ghimbir macinat
60 ml/4 linguri ulei de arahide (arahide).
225 g/8 oz conserve de caise, tăiate la jumătate
300 ml/½ pt/1 ¼ cană Sos dulce-acru
30 ml/2 linguri migdale tăiate, prăjite

Asezonați puiul cu sare, piper și ghimbir. Încinge uleiul și prăjește puiul până se rumenește ușor. Acoperiți și gătiți aproximativ 20 de minute până se înmoaie, întorcându-le din când în când. Scurgeți uleiul. Adăugați caisele și sosul în tigaie, aduceți la fierbere, acoperiți și fierbeți ușor timp de aproximativ 5 minute sau până când se încălzesc. Se ornează cu migdale tăiate.

Pui cu sparanghel

Porti 4

45 ml/3 linguri ulei de arahide (arahide).

5 ml/1 lingura de sare

1 cățel de usturoi, zdrobit

1 ceapă (crep), tocată

1 piept de pui, feliat

30 ml/2 linguri sos de fasole neagră

350 g/12 oz sparanghel, tăiat în 2,5 cm/1

120 ml/4 ml oz/½ cană bulion de pui

5 ml/1 lingură de zahăr

15 ml/1 lingură făină de porumb (amidon de porumb)

45 ml/3 linguri apă

Se încălzește jumătate din ulei și se prăjește sarea, usturoiul și ceapa până se rumenesc ușor. Adăugați puiul și prăjiți până se rumenește ușor. Adăugați sosul de fasole neagră și amestecați pentru a acoperi puiul. Adăugați sparanghelul, bulionul și zahărul, aduceți la fierbere, acoperiți și fierbeți timp de 5 minute până când puiul este fraged. Amestecați făina de porumb și apa într-o pastă, amestecați-o în tigaie și gătiți, amestecând, până când sosul se limpezește și se îngroașă.

Pui de vinete

Porti 4

225 g/8 oz pui, feliat
15 ml/1 lingura sos de soia
15 ml/1 lingura vin de orez sau sherry uscat
15 ml/1 lingură făină de porumb (amidon de porumb)
1 vinete (vinete), curatata de coaja si taiata fasii
30 ml/2 linguri ulei de arahide (arahide).
2 ardei iute roșu uscat
2 catei de usturoi, presati
75 ml/5 linguri supa de pui

Pune puiul într-un castron. Amestecați sosul de soia, vinul sau sherry și făina de porumb, amestecați în pui și lăsați să stea timp de 30 de minute. Se fierb vinetele in apa clocotita timp de 3 minute si apoi se scurg bine. Se încălzește uleiul și se prăjește ardeii până se întunecă, apoi se scoate și se aruncă. Adăugați usturoiul și puiul și amestecați până se colorează ușor. Adăugați bulionul și vinetele, aduceți la fierbere, acoperiți și gătiți timp de 3 minute, amestecând din când în când.

Pui învelit cu slănină

Porții 4–6

225g/8oz pui, tăiat cubulețe
30 ml/2 linguri sos de soia
15 ml/1 lingura vin de orez sau sherry uscat
5 ml/1 lingură de zahăr
5 ml/1 lingură ulei de susan
sare si piper proaspat macinat
225 g/8 oz bucăți de slănină
1 ou batut usor
100 g/4 oz făină simplă (universală).
ulei pentru prăjire adâncă
4 roșii, feliate

Amestecați puiul cu sos de soia, vin sau sherry, zahăr, ulei de susan, sare și piper. Acoperiți și marinați timp de 1 oră, amestecând din când în când, apoi îndepărtați puiul și aruncați marinada. Tăiați slănina în bucăți și înfășurați cubulețele de pui. Batem ouale cu faina pentru a face un aluat gros, adaugand putin lapte daca este necesar. Înmuiați cuburile în aluat. Încinge uleiul și prăjește cuburile până se rumenesc și sunt fierte. Se serveste ornat cu rosii.

Pui cu muguri de fasole

Porti 4

45 ml/3 linguri ulei de arahide (arahide).
1 cățel de usturoi, zdrobit
1 ceapă (crep), tocată
1 felie radacina de ghimbir, tocata
225g/8oz piept de pui, tăiat în bucăți
225 g/8 oz muguri de fasole
45 ml/3 linguri sos de soia
15 ml/1 lingura vin de orez sau sherry uscat
5 ml/1 lingură făină de porumb (amidon de porumb)

Încinge uleiul și prăjește usturoiul, ceapa și ghimbirul până se rumenesc ușor. Adăugați puiul și prăjiți timp de 5 minute. Adăugați mugurii de fasole și prăjiți timp de 2 minute. Se amestecă sosul de soia, vinul sau sherry și făina de porumb și se prăjesc timp de aproximativ 3 minute până când puiul este gătit.

Pui cu sos de fasole neagra

Porti 4

30 ml/2 linguri ulei de arahide (arahide).

5 ml/1 lingura de sare

30 ml/2 linguri sos de fasole neagră

2 catei de usturoi, presati

450 g/1 lb pui, tăiat cubulețe

250 ml/8 ml uncie/1 cană lichid

1 ardei verde taiat cubulete

1 ceapa, tocata

15 ml/1 lingura sos de soia

piper proaspăt măcinat

15 ml/1 lingură făină de porumb (amidon de porumb)

45 ml/3 linguri apă

Încinge uleiul și prăjește sarea, fasolea neagră și usturoiul timp de 30 de secunde. Adăugați puiul și prăjiți până se rumenește ușor. Se amestecă bulionul, se aduce la fierbere, se acoperă și se fierbe timp de 10 minute. Adăugați ardeiul, ceapa, sosul de soia și ardeiul, acoperiți și gătiți încă 10 minute. Amestecați făina de porumb și apa, amestecați sosul și gătiți, amestecând, până când sosul se îngroașă și puiul este fraged.

Pui cu broccoli

Porti 4

450 g/1 lb pui, tăiat cubulețe
225g/8oz ficat de pui
45 ml/3 linguri făină simplă (pentru utilizări).
45 ml/3 linguri ulei de arahide (arahide).
1 ceapa taiata cubulete
1 ardei roșu, tăiat cubulețe
1 ardei verde taiat cubulete
225 g/8 oz buchete de broccoli
4 felii de ananas, taiate cubulete
30 ml/2 linguri piure de roșii (pastă)
30 ml/2 linguri sos hoisin
30 ml/2 linguri de miere
30 ml/2 linguri sos de soia
300 ml/½ pt/1 ¼ cană bulion de pui
10 ml/2 linguri ulei de susan

Trageți puiul și ficatul de pui în făină. Se încălzește uleiul și se prăjește ficatul timp de 5 minute, apoi se scoate din tigaie. Adăugați puiul, acoperiți și prăjiți la foc mediu timp de 15 minute, amestecând din când în când. Se adauga legumele si ananasul si se prajesc 8 minute. Reveniți ficații în wok, adăugați ingredientele rămase și aduceți la fierbere. Se fierbe, amestecand, pana se ingroasa sosul.

Pui cu varză și alune

Porti 4

45 ml/3 linguri ulei de arahide (arahide).
30 ml/2 linguri de arahide
450 g/1 lb pui, tăiat cubulețe
½ varză, tăiată în pătrate
15 ml/1 lingura sos de fasole neagra
2 ardei iute roșii, tocați
5 ml/1 lingura de sare

Se incinge putin ulei si se prajesc alunele cateva minute, amestecand continuu. Scoateți, scurgeți apoi apăsați. Se încălzește uleiul rămas și se prăjește puiul și varza până se rumenesc ușor. Scoateți din tigaie. Adăugați sosul de fasole neagră și ardei iute și amestecați timp de 2 minute. Pune puiul și varza înapoi în tigaia cu alunele zdrobite și asezonează cu sare. Se amestecă până se încălzește și apoi se servește imediat.

Pui caju

Porti 4

30 ml/2 linguri sos de soia

30 ml/2 linguri faina de porumb (amidon de porumb)

15 ml/1 lingura vin de orez sau sherry uscat

350 g/12 oz pui, tăiat cubulețe

45 ml/3 linguri ulei de arahide (arahide).

2,5 ml/½ linguriță sare

2 catei de usturoi, presati

225g/8oz ciuperci, feliate

100g/4oz castane de apă, feliate

100 g/4 oz muguri de bambus

50 g/2 oz mangeout (mazăre de zăpadă)

225 g/8 oz/2 căni de caju

300 ml/½ pt/1¼ cană bulion de pui

Amestecați sosul de soia, mălaiul și vinul sau sherry, turnați peste pui, acoperiți și lăsați la marinat cel puțin 1 oră. Se încălzește 30 ml/2 linguri de ulei cu sare și usturoi și se prăjește până când usturoiul se rumenește ușor. Adăugați puiul cu marinada și prăjiți timp de 2 minute până când puiul se rumenește ușor. Adăugați ciupercile, castanele de apă, lăstarii de bambus și mangeout și prăjiți timp de 2 minute. Între timp, încălziți uleiul rămas într-o tigaie separată și prăjiți nucile caju la foc mic pentru câteva minute până devin maro auriu. Adăugați-le în tigaia cu lichid, lăsați-le să fiarbă, acoperiți și gătiți timp de 5 minute. Dacă sosul nu este suficient de gros, amestecați puțină făină de porumb amestecată cu o lingură de apă și amestecați până când sosul se îngroașă și se limpezește.

Pui cu castane

Porti 4

225 g/8 oz pui, feliat
5 ml/1 lingura de sare
15 ml/1 lingura sos de soia
ulei pentru prăjire adâncă
250 ml/8 ml oz/1 cană supă de pui
200g/7oz castane de apă, tocate
225 g/8 oz castane, tocate
225g/8oz ciuperci, tăiate în sferturi
15 ml/1 lingură pătrunjel proaspăt tocat

Stropiți puiul cu sare și sos de soia și frecați bine puiul. Se încălzește uleiul și se prăjește puiul până se rumenește, apoi se scoate și se scurge. Puneti puiul intr-o cratita cu supa, aduceti la fiert si fierbeti 5 minute. Adăugați castanele de apă, castanele și ciupercile, acoperiți și fierbeți timp de aproximativ 20 de minute până când totul este moale. Se servesc ornat cu patrunjel.

Pui cald și rece

Porti 4

350 g/1 lb pui, tăiat cubulețe

1 ou batut usor

10 ml/2 linguri sos de soia

2,5 ml/½ linguriță făină de porumb (amidon de porumb)

ulei pentru prăjire adâncă

1 ardei verde taiat cubulete

4 catei de usturoi, presati

2 ardei iute roșii, tocați

5 ml/1 lingură piper proaspăt măcinat

5 ml/1 lingură oțet de vin

5 ml/1 lingurita de apa

2,5 ml/½ linguriță zahăr

2,5 ml/½ linguriță ulei de piper

2,5 ml/½ linguriță ulei de susan

Se amestecă puiul cu oul, jumătate din sosul de soia și mălaiul și se lasă să stea 30 de minute. Se încălzește uleiul și se prăjește puiul până se rumenește și apoi se scurge bine. Se toarnă tot, cu excepția 15 ml/1 lingură de ulei din tigaie, se adaugă ardeiul, usturoiul și ardeiul iute și se prăjesc timp de 30 de secunde. Se adauga ardeiul, otetul de vin, apa si zaharul si se prajesc 30 de secunde. Puiul se pune înapoi în tigaie și se prăjește câteva minute până este fiert. Se serveste stropita cu chilli si ulei de susan.

Chili Fried Chicken

Porti 4

225 g/8 oz pui, feliat
2,5 ml/½ linguriță sos de soia
2,5 ml/½ linguriță ulei de susan
2,5 ml/½ linguriță vin de orez sau sherry uscat
5 ml/1 lingură făină de porumb (amidon de porumb)
sare
45 ml/3 linguri ulei de arahide (arahide).
100 g/4 oz spanac
4 cepe (cepe), tocate
2,5 ml/½ linguriță pudră de ardei
15 ml/1 lingura de apa
1 roșie tăiată felii

Amestecați puiul cu sosul de soia, uleiul de susan, vinul sau sherry, jumătate din mălai și un praf de sare. Lăsați să stea timp de 30 de minute. Încinge 15 ml/1 lingură de ulei și prăjește puiul până se rumenește ușor. Scoateți din wok. Se încălzește 15 ml/1 lingură ulei și se prăjește spanacul până se ofilește, apoi se scoate din wok. Se încălzește uleiul rămas și se prăjește ceapa, praful de chili, apa și făina de porumb rămasă timp de 2 minute. Se amestecă puiul și se prăjește repede. Așezați spanacul în jurul unui platou de servire încălzit, puneți puiul deasupra și serviți ornat cu roșii.

Am tăiat chicken suey

Porti 4

100g/4oz frunze chinezești, tocate

100 g/4 oz muguri de bambus, tăiați în fâșii

60 ml/4 linguri ulei de arahide (arahide).

3 cepe (cepe), feliate

2 catei de usturoi, presati

1 felie radacina de ghimbir, tocata

225g/8oz piept de pui, tăiat fâșii

45 ml/3 linguri sos de soia

15 ml/1 lingura vin de orez sau sherry uscat

5 ml/1 lingura de sare

2,5 ml/½ linguriță zahăr

piper proaspăt măcinat

15 ml/1 lingură făină de porumb (amidon de porumb)

Albiți frunzele chinezești și lăstarii de bambus în apă clocotită timp de 2 minute. Scurgeți și uscați. Încinge 45 ml/3 linguri de ulei și prăjește ceapa, usturoiul și ghimbirul până se rumenesc ușor. Adăugați puiul și prăjiți timp de 4 minute. Scoateți din tigaie. Încinge uleiul rămas și prăjește legumele timp de 3 minute. Adăugați puiul, sosul de soia, vinul sau sherry, sare, zahărul și puțin piper și prăjiți 1 minut. Amestecați făina de porumb cu puțină apă, amestecați-o în sos și gătiți, amestecând, până când sosul se limpezește și se îngroașă.

Chicken Chow Mein

Porti 4

30 ml/2 linguri ulei de arahide (arahide).
2 catei de usturoi, presati
450g/1lb pui, feliat
225g/8oz muguri de bambus, feliați
100 g/4 oz țelină, feliată
225g/8oz ciuperci, feliate
450 ml/¾ pt/2 cesti supa de pui
225 g/8 oz muguri de fasole
4 cepe, tăiate în bucăți
30 ml/2 linguri sos de soia
30 ml/2 linguri faina de porumb (amidon de porumb)
225 g/8 oz tăiței chinezești uscați

Se incinge uleiul cu usturoiul pana devine auriu, apoi se adauga puiul si se prajeste 2 minute pana se rumeneste usor. Adăugați lăstarii de bambus, țelina și ciupercile și prăjiți timp de 3 minute. Adăugați cea mai mare parte din bulion, aduceți la fierbere, acoperiți și fierbeți timp de 8 minute. Adăugați mugurii de fasole și ceapa și gătiți timp de 2 minute, amestecând, până când rămâne puțin lichid. Se amestecă lichidul rămas cu sosul de soia și mălaiul. Amestecați în tigaie și gătiți, amestecând, până când sosul se limpezește și se îngroașă.

Între timp, fierbeți tăițeii în apă clocotită cu sare timp de câteva minute, conform instrucțiunilor de pe ambalaj. Se scurge bine apoi se amesteca cu amestecul de pui si se serveste imediat.

Pui prăjit picant cu condimente

Porti 4

450 g/1 lb pui, tăiat în bucăți
30 ml/2 linguri sos de soia
30 ml/2 linguri sos de prune
45 ml/3 linguri bucăți de mango
1 cățel de usturoi, zdrobit
2,5 ml/½ linguriță ghimbir măcinat
câteva picături de coniac
30 ml/2 linguri faina de porumb (amidon de porumb)
2 ouă, bătute
100 g/4 oz/1 cană pâine uscată
30 ml/2 linguri ulei de arahide (arahide).
6 cepe (cepe), tocate
1 ardei roșu, tăiat cubulețe
1 ardei verde taiat cubulete
30 ml/2 linguri sos de soia
30 ml/2 linguri de miere
30 ml/2 linguri otet de vin

Pune puiul într-un castron. Amestecați sosurile, chutney-ul, usturoiul, ghimbirul și rachiul, turnați peste pui, acoperiți și lăsați-l la marinat 2 ore. Scurgeți puiul și stropiți cu făină de porumb. Ungeți ouăle apoi pesmetul. Se încălzește uleiul și apoi se prăjește puiul până se rumenește. Scoateți din tigaie. Adăugați legumele și amestecați timp de 4 minute, apoi îndepărtați. Scurgeți uleiul din tigaie apoi întoarceți puiul și legumele în tigaie cu ingredientele rămase. Aduceți la fierbere și reîncălziți înainte de servire.

Pui prajit cu castraveti

Porti 4

225 g/8 oz pui

1 albus de ou

2,5 ml/½ linguriță făină de porumb (amidon de porumb)

sare

½ castravete

30 ml/2 linguri ulei de arahide (arahide).

100 g/4 oz ciuperci buton

50g/2oz muguri de bambus, tăiați în fâșii

50g slănină, tăiată cubulețe

15 ml/1 lingura de apa

2,5 ml/½ linguriță sare
2,5 ml/½ linguriță vin de orez sau sherry uscat
2,5 ml/½ linguriță ulei de susan

Tăiați puiul și tăiați în bucăți. Se amestecă cu albușul, mălaiul și sarea și se lasă să stea. Tăiați castravetele pe lungime și tăiați în diagonală felii groase. Se încălzește uleiul și se prăjește puiul până se rumenește ușor, apoi se scoate din tigaie. Adăugați castravetele și tulpinile de bambus și amestecați timp de 1 minut. Puiul se pune înapoi în tigaie cu slănină, apă, sare și vin sau sherry. Se aduce la fierbere și se fierbe până când puiul este fraged. Se serveste stropita cu ulei de susan.

Pui Chilli-Curry

Porti 4

120 ml/4 ml oz/½ cană ulei de arahide (arahide).
4 bucati de pui
1 ceapa, tocata
5 ml/1 lingură pudră de curry
5 ml/1 lingurita sos iute
15 ml/1 lingura vin de orez sau sherry uscat
2,5 ml/½ linguriță sare
600 ml/1 pct/2½ căni bulion de pui
15 ml/1 lingură făină de porumb (amidon de porumb)
45 ml/3 linguri apă
5 ml/1 lingură ulei de susan

Încinge uleiul și prăjește bucățile de pui până se rumenesc pe ambele părți și apoi scoate-le din tigaie. Adăugați ceapa, pudra de curry și sosul de chili și prăjiți timp de 1 minut. Adăugați vinul sau sherry și sare, amestecați bine, apoi puneți puiul înapoi în tigaie și amestecați din nou. Adăugați bulionul, aduceți la fiert și fierbeți ușor timp de aproximativ 30 de minute până când puiul este fraged. Dacă sosul nu se reduce suficient, amestecați făina de porumb și apa împreună, amestecați puțin în sos și gătiți, amestecând, până când sosul se îngroașă. Se serveste stropita cu ulei de susan.

Pui curry chinezesc

Porti 4

45 ml/3 linguri pudră de curry
1 ceapă, feliată
350 g/12 oz pui, tăiat cubulețe
150 ml/¼ pt/ ½ cană bulion de pui generoasă
5 ml/1 lingura de sare
10 ml/2 linguri faina de porumb (amidon de porumb)
15 ml/1 lingura de apa

Se încălzește praful de curry și ceapa într-o tigaie uscată timp de 2 minute, scuturând tigaia pentru a acoperi ceapa. Adăugați puiul și amestecați până când este bine acoperit cu pudră de curry. Adăugați bulionul și sare, aduceți la fierbere, acoperiți și fierbeți aproximativ 5 minute până când puiul este fraged. Amestecați făina de porumb și apa, amestecați în tigaie și gătiți, amestecând, până se îngroașă sosul.

Pui la cuptor rapid

Porti 4

450g/1lb piept de pui, taiat cubulete
45 ml/3 linguri vin de orez sau sherry uscat
50 g/2 oz făină de porumb (amidon de porumb)
1 albus de ou

sare

150 ml/¼ pt/ ½ cană generos de ulei de arahide (arahide).
15 ml/1 lingură pudră de curry
10 ml/2 linguri de zahăr brun
150 ml/¼ pt/ ½ cană bulion de pui generoasă

Amestecați cuburile de pui și sherry. Rezervați 10 ml/2 linguri făină de porumb. Bateți albușul cu porumbul rămas și un praf de sare, apoi amestecați puiul până se îmbracă bine. Încinge uleiul și prăjește puiul până când este fiert și devine auriu. Scoateți din tigaie și scurgeți tot, în afară de 15 ml/1 lingură de ulei. Se amestecă făina de porumb rezervată, pudra de curry și zahărul și se prăjește timp de 1 minut. Se amestecă bulionul, se aduce la fierbere și se fierbe, amestecând continuu, până se îngroașă sosul.

Întoarceți puiul în tigaie, amestecați împreună și reîncălziți înainte de servire.

Pui la cuptor cu cartofi

Porti 4

45 ml/3 linguri ulei de arahide (arahide).

2,5 ml/½ linguriță sare

1 cățel de usturoi, zdrobit

750 g pui, tăiat cubulețe

225 g/8 oz cartofi, tăiați cubulețe

4 cepe, tăiate în bucăți

15 ml/1 lingură pudră de curry

450 ml/¾ pt/2 cesti supa de pui

225g/8oz ciuperci, feliate

Se incinge uleiul cu sare si usturoi, se adauga puiul si se prajeste pana se rumeneste usor. Adăugați cartofii, ceapa și praful de curry și prăjiți timp de 2 minute. Adăugați bulionul, aduceți la fierbere, acoperiți și fierbeți timp de aproximativ 20 de minute până când puiul este fiert, amestecând din când în când. Adăugați ciupercile, scoateți capacul și gătiți încă 10 minute până când lichidul s-a redus.

Pulpe de pui prăjite

Porti 4

2 pulpe mari de pui, cu os

2 cepe (cepe)

1 felie de ghimbir, bătută

120 ml/4 ml oz/½ cană sos de soia

5 ml/1 lingurita vin de orez sau sherry uscat

ulei pentru prăjire adâncă

5 ml/1 lingură ulei de susan

piper proaspăt măcinat

Întindeți peste pui și frecați peste tot. Bateți 1 ceapă proaspătă și tocați-l pe cealaltă. Amestecați ceapa turtită cu ghimbir, sos de soia și vin sau sherry. Se toarnă peste pui și se lasă la marinat 30 de minute. Scoateți și scurgeți. Puneți pe o farfurie pe un suport de abur și fierbeți la abur timp de 20 de minute.

Se încălzește uleiul și se prăjește puiul aproximativ 5 minute până se rumenește. Se scot din tava, se scurg bine si se felieaza gros, apoi se aranjeaza feliile pe o farfurie incalzita de servire. Se incinge uleiul de susan, se adauga ceapa si ardeiul tocat, se toarna peste pui si se serveste.

Pui prajit cu sos de curry

Porti 4

1 ou batut usor

30 ml/2 linguri faina de porumb (amidon de porumb)

25 g/1 oz/¼ cană făină simplă (toate scopuri).

2,5 ml/½ linguriță sare

225g/8oz pui, tăiat cubulețe

ulei pentru prăjire adâncă

30 ml/2 linguri ulei de arahide (arahide).

30 ml/2 linguri praf de curry

60 ml/4 linguri vin de orez sau sherry uscat

Bateți oul cu mălaiul, făina și sarea până se îngroașă. Se toarnă peste pui și se amestecă bine pentru a se acoperi. Se încălzește uleiul și se prăjește puiul până se rumenește și este fiert. Între timp, încălziți uleiul și prăjiți praful de curry timp de 1 minut. Se amestecă vinul sau sherry și se aduce la fierbere. Asezati puiul pe o farfurie incalzita si turnati peste el sosul de curry.

Pui beat

Porti 4

450 g/1 lb file de pui, tăiat în bucăți
60 ml/4 linguri sos de soia
30 ml/2 linguri sos hoisin
30 ml/2 linguri sos de prune
30 ml/2 linguri otet de vin
2 catei de usturoi, presati
vârf de cuțit de sare
câteva picături de ulei de piper
2 albusuri
60 ml/4 linguri faina de porumb (faina de porumb)
ulei pentru prăjire adâncă
200 ml/½ pt/1¼ cană vin de orez sau sherry uscat

Pune puiul într-un castron. Amestecați sosurile și oțetul de vin, usturoiul, sarea și uleiul de chili, turnați peste pui și marinați-l la frigider timp de 4 ore. Bateți albușurile spumă și adăugați mălaiul. Scoateți puiul din marinadă și ungeți cu amestecul de albușuri. Se încălzește uleiul și se prăjește puiul până când este fiert și se rumenește. Se scurge bine pe hartie de bucatarie si se pune intr-un bol. Se toarna peste vin sau sherry, se acopera si se lasa la marinat la frigider 12 ore. Scoateți puiul din vin și serviți rece.

Pui delicios cu ouă

Porti 4

30 ml/2 linguri ulei de arahide (arahide).
4 bucati de pui
2 cepe (cepe), tocate
1 cățel de usturoi, zdrobit
1 felie radacina de ghimbir, tocata
175 ml/6 ml oz/¾ cană sos de soia
30 ml/2 linguri vin de orez sau sherry uscat
30 ml/2 linguri zahăr brun
5 ml/1 lingura de sare
375 ml/13 ml uncie/1½ cană apă
4 oua fierte (fierte tari).
15 ml/1 lingură făină de porumb (amidon de porumb)

Încinge uleiul și prăjește bucățile de pui până se rumenesc. Adăugați ceapa, usturoiul și ghimbirul și prăjiți timp de 2 minute. Adăugați sosul de soia, vinul sau sherry, zahărul și sarea și amestecați bine. Adăugați apă și aduceți la fiert, acoperiți și fierbeți timp de 20 de minute. Adăugați ouăle fierte, acoperiți și gătiți încă 15 minute. Amestecați făina de porumb cu puțină apă, amestecați-o în sos și gătiți, amestecând, până când sosul se limpezește și se îngroașă.

Rulouri cu ou de pui

Porti 4

4 ciuperci chinezești uscate
100 g/4 oz pui, tăiat fâșii
5 ml/1 lingură făină de porumb (amidon de porumb)
15 ml/1 lingura sos de soia
2,5 ml/½ linguriță sare
2,5 ml/½ linguriță zahăr
60 ml/4 linguri ulei de arahide (arahide).
225 g/8 oz muguri de fasole
3 cepe (cepe), tocate
100 g/4 oz spanac
12 rulouri de ouă
1 ou bătut
ulei pentru prăjire adâncă

Înmuiați ciupercile în apă caldă timp de 30 de minute și apoi scurgeți. Aruncați tulpinile și tăiați capacele. Pune puiul într-un castron. Amesteca faina de porumb cu 5 ml/1 lingura de sos de soia, sare si zahar si amesteca puiul. Lasă-l să stea 15 minute. Se încălzește jumătate din ulei și se prăjește puiul până se rumenește ușor. Se albesc mugurii de fasole în apă clocotită timp de 3 minute și apoi se scurg. Se încălzește uleiul rămas și se prăjește ceapa până se rumenește ușor. Se amestecă ciupercile, mugurii de fasole, spanacul și sosul de soia rămas. Adăugați puiul și prăjiți timp de 2 minute. Lasă-l să se răcească. Puneți niște umplutură în centrul fiecărei coaje și ungeți marginile cu ou bătut. Îndoiți părțile laterale și apoi rulați rulourile cu ouă, sigilând marginile cu ou. Încinge uleiul și prăjește rulourile cu ouă până devin crocante și aurii.

Pui la cuptor cu oua

Porti 4

30 ml/2 linguri ulei de arahide (arahide).
4 fileuri de piept de pui, taiate fasii
1 ardei rosu, taiat fasii
1 ardei verde, tăiat fâșii
45 ml/3 linguri sos de soia
45 ml/3 linguri vin de orez sau sherry uscat
250 ml/8 ml oz/1 cană supă de pui
100g/4oz salată verde iceberg, tocată
5 ml/1 lingură de zahăr brun
30 ml/2 linguri sos hoisin
sare si piper
15 ml/1 lingură făină de porumb (amidon de porumb)
30 ml/2 linguri apă
4 ouă
30 ml/2 linguri sherry

Se încălzește uleiul și se prăjește puiul și ardeii până se rumenesc. Adăugați sosul de soia, vinul sau sherry și bulionul, aduceți la fierbere, acoperiți și fierbeți timp de 30 de minute. Se adauga salata verde, zaharul si sosul hoisin si se condimenteaza cu sare si piper. Se amestecă făina de porumb și apa, se amestecă în sos și se lasă să fiarbă amestecând. Bate ouăle cu sherry și prăjește-le ca omlete subțiri. Se presară cu sare și piper și se taie fâșii. Aranjați-le într-un vas de servire încălzit și puneți-le peste pui.

Pui din Orientul Îndepărtat

Porti 4

60 ml/4 linguri ulei de arahide (arahide).

450 g/1 lb pui, tăiat în bucăți

2 catei de usturoi, presati

2,5 ml/½ linguriță sare

2 cepe, tocate

2 bucăți de rădăcină de ghimbir, tocate

45 ml/3 linguri sos de soia

30 ml/2 linguri sos hoisin

45 ml/3 linguri vin de orez sau sherry uscat

300 ml/½ pt/1¼ cană bulion de pui

5 ml/1 lingură piper proaspăt măcinat

6 oua fierte tari (fierte tari), tocate

15 ml/1 lingură făină de porumb (amidon de porumb)

15 ml/1 lingura de apa

Încinge uleiul și prăjește puiul până se rumenește. Adăugați usturoiul, sarea, ceapa și ghimbirul și prăjiți timp de 2 minute. Adăugați sos de soia, sos hoisin, vin sau sherry, bulion și piper. Aduceți la fierbere, acoperiți și fierbeți timp de 30 de minute. Adăugați ouăle. Amestecați făina de porumb și apa și amestecați-o în sos. Se aduce la fierbere și se fierbe, amestecând, până se îngroașă sosul.

Pui Foo Yung

Porti 4

6 oua, batute
45 ml/3 linguri faina de porumb (faina de porumb)
100g/4oz ciuperci, tocate grosier
225g/8oz piept de pui, taiat cubulete
1 ceapa, tocata marunt
5 ml/1 lingura de sare
45 ml/3 linguri ulei de arahide (arahide).

Bateți ouăle apoi bateți făina de porumb. Se amestecă toate ingredientele rămase, cu excepția uleiului. Incalzeste uleiul. Puneti amestecul in tava pe rand pentru a face clatite mici de aproximativ 7,5 cm/3 in latime. Gatiti pana ce partea inferioara este maro aurie, apoi intoarceti si gatiti cealalta parte.

Foo Yung Bacon și pui

Porti 4

6 oua, batute
45 ml/3 linguri faina de porumb (faina de porumb)
100 g slănină, tăiată cubulețe
225g/8oz piept de pui, taiat cubulete
3 cepe (cepe), tocate mărunt
5 ml/1 lingura de sare
45 ml/3 linguri ulei de arahide (arahide).

Bateți ouăle apoi bateți făina de porumb. Se amestecă toate ingredientele rămase, cu excepția uleiului. Incalzeste uleiul. Puneti amestecul in tava pe rand pentru a face clatite mici de aproximativ 7,5 cm/3 in latime. Gatiti pana ce partea inferioara este maro aurie, apoi intoarceti si gatiti cealalta parte.

Pui prăjit cu ghimbir

Porti 4

1 pui tăiat în jumătate
4 felii rădăcină de ghimbir, zdrobite
30 ml/2 linguri vin de orez sau sherry uscat
30 ml/2 linguri sos de soia
5 ml/1 lingură de zahăr
ulei pentru prăjire adâncă

Pune puiul într-un castron puțin adânc. Amestecați ghimbirul, vinul sau sherry, sosul de soia și zahărul, turnați peste pui și frecați în piele. Se lasa la marinat 1 ora. Încinge uleiul și prăjește puiul, jumătate câte o dată, până se rumenește ușor. Scoatem din ulei si lasam sa se raceasca putin in timp ce incalziti uleiul. Întoarceți puiul în tigaie și prăjiți până devine auriu și fiert. Scurgeți bine înainte de servire.

Pui cu ghimbir

Porti 4

225 g/8 oz pui, felii subțiri

1 albus de ou

vârf de cuțit de sare

2,5 ml/½ linguriță făină de porumb (amidon de porumb)

15 ml/1 lingură ulei de arahide (arahide).

10 felii de rădăcină de ghimbir

6 ciuperci tăiate în jumătate

1 morcov, feliat

2 cepe (cepe), feliate

5 ml/1 lingurita vin de orez sau sherry uscat

5 ml/1 lingurita de apa

2,5 ml/½ linguriță ulei de susan

Amestecați puiul cu albușul, sarea și făina de porumb. Se încălzește jumătate din ulei și se prăjește puiul până se rumenește ușor, apoi se scoate din tigaie. Se încălzește uleiul rămas și se prăjește ghimbirul, ciupercile, morcovul și ceapa primăvară timp de 3 minute. Puiul se pune înapoi în tigaie cu vinul sau sherry și apă și se fierbe până când puiul este fraged. Se serveste stropita cu ulei de susan.

Pui cu ghimbir cu ciuperci și castane

Porti 4

60 ml/4 linguri ulei de arahide (arahide).
225 g/8 oz ceapă, feliată
450 g/1 lb pui, tăiat cubulețe
100g/4oz ciuperci, feliate
30 ml/2 linguri făină simplă (toate scopuri).
60 ml/4 linguri sos de soia
10 ml/2 linguri de zahăr
sare si piper proaspat macinat
900 ml/1½ pt/3¾ cani de apă fierbinte
2 felii de rădăcină de ghimbir, tocate
450g/1lb castane de apă

Se încălzește jumătate din ulei și se prăjește ceapa timp de 3 minute, apoi se scoate din tigaie. Încinge uleiul rămas și prăjește puiul până se rumenește ușor.

Adăugați ciupercile și gătiți timp de 2 minute. Pudrați amestecul cu făină, apoi adăugați sosul de soia, zahărul, sare și piper. Adăugați apa și ghimbirul, ceapa și castanele. Se aduce la fierbere, se acopera si se fierbe usor timp de 20 de minute. Scoateți capacul și continuați să fierbeți ușor până când sosul scade.

Pui auriu

Porti 4

8 bucăți mici de pui
300 ml/½ pt/1¼ cană bulion de pui
45 ml/3 linguri sos de soia
15 ml/1 lingura vin de orez sau sherry uscat
5 ml/1 lingură de zahăr
1 rădăcină de ghimbir feliată

Puneti toate ingredientele intr-o cratita mare, aduceti la fiert, acoperiti si fierbeti aproximativ 30 de minute pana cand puiul este complet fiert. Scoateți capacul și continuați să fierbeți până când sosul scade.

Tocană de pui auriu marinată

Porti 4

4 bucati de pui

300 ml/½ pt/1¼ cană sos de soia

ulei pentru prăjire adâncă

4 cepe (cepe), feliate groase

1 felie rădăcină de ghimbir, rasă

2 ardei iute roșii, feliați

3 cuișoare de anason

50g/2oz muguri de bambus, feliați

150 ml/1½ pt/½ cană generoasă bulion de pui

30 ml/2 linguri faina de porumb (amidon de porumb)

60 ml/4 linguri apă

5 ml/1 lingură ulei de susan

Tăiați puiul în bucăți mari și marinați în sos de soia timp de 10 minute. Scoateți și scurgeți, rezervând sosul de soia. Încinge uleiul și prăjește puiul aproximativ 2 minute până se rumenește ușor. Scoateți și scurgeți. Se toarnă cu excepția 30 ml/2 linguri de ulei, apoi se adaugă ceapa primăvară, ghimbirul, ardeiul iute și semințele de anason și se prăjesc timp de 1 minut. Reveniți puiul în tigaia cu mugurii de bambus și sosul de soia rezervat și adăugați suficient bulion pentru a acoperi puiul. Aduceți la fiert și fierbeți aproximativ 10 minute până când puiul este fraged. Scoateți puiul din sos cu o lingură cu fantă și puneți-l într-un vas de servire încălzit. Strecurați sosul și apoi puneți-l înapoi în tigaie. Amestecați făina de porumb și apa, amestecați în sos și gătiți, amestecând, până când sosul se îngroașă.

Monezi de aur

Porți 4

4 file de piept de pui

30 ml/2 linguri de miere

30 ml/2 linguri otet de vin

30 ml/2 linguri ketchup de roșii (catsup)

30 ml/2 linguri sos de soia

vârf de cuțit de sare

2 catei de usturoi, presati

5 ml/1 linguriță pudră de cinci condimente

45 ml/3 linguri făină simplă (pentru utilizări).

2 ouă, bătute

5 ml/1 lingură de rădăcină de ghimbir rasă

5 ml/1 linguriță coajă de lămâie rasă

100 g/4 oz/1 cană pâine uscată

ulei pentru prăjire adâncă

Pune puiul într-un castron. Se amestecă împreună mierea, oțetul de vin, ketchup-ul de roșii, sosul de soia, sarea, usturoiul și pudra cu cinci condimente. Se toarna peste pui, se amesteca bine, se acopera si se marina la frigider pentru 12 ore.

Scoateți puiul din marinată și tăiați-l în fâșii groase. Pudrați cu făină. Bateți ouăle, ghimbirul și coaja de lămâie. Ungeți puiul în amestec și apoi pesmetul până se îmbracă uniform. Se încălzește uleiul și se prăjește puiul până se rumenește.

Pui la abur cu bacon

Porti 4

4 portii de pui
100g/4oz șuncă afumată, tocată
3 cepe (cepe), tocate
15 ml/1 lingură ulei de arahide (arahide).
sare si piper proaspat macinat
15 ml/1 lingură pătrunjel cu frunze plate

Tăiați bucățile de pui în bucăți de 5 cm/1 și puneți-le într-un bol rezistent la cuptor cu slănină și ceapa primăvară. Pulverizați-le cu ulei și asezonați cu sare și piper, apoi amestecați ușor ingredientele. Așezați recipientul pe un grătar într-un cuptor cu abur, acoperiți și fierbeți în apă clocotită aproximativ 40 de minute până când puiul este fraged. Se servesc ornat cu patrunjel.

Pui cu sos hoisin

Porti 4

4 porții de pui, tăiate la jumătate
50 g/2 oz/½ cană făină de porumb (amidon de porumb)

ulei pentru prăjire adâncă

10 ml/2 linguri rădăcină de ghimbir rasă

2 cepe, tocate

225 g/8 oz buchete de broccoli

1 ardei rosu, tocat

225g/8oz ciuperci buton

250 ml/8 ml oz/1 cană supă de pui

45 ml/3 linguri vin de orez sau sherry uscat

45 ml/3 linguri otet de cidru

45 ml/3 linguri sos hoisin

20 ml/4 linguri sos de soia

Ungeți bucățile de pui cu jumătate din făină de porumb. Se încălzește uleiul și se prăjesc bucățile de pui pe rând timp de aproximativ 8 minute până se rumenesc și sunt fierte. Scoateți din tavă și scurgeți pe hârtie de bucătărie. Scoateți tot, cu excepția 30 ml/2 linguri de ulei din tigaie și prăjiți ghimbirul timp de 1 minut. Adăugați ceapa și prăjiți timp de 1 minut. Adăugați broccoli, ardeiul și ciupercile și amestecați timp de 2 minute. Combinați lichidul cu făina de porumb rezervată și ingredientele rămase și adăugați în tigaie. Aduceți la fierbere, amestecând și gătiți până când sosul se limpezește. Puneți puiul la loc în wok și gătiți, amestecând, timp de aproximativ 3 minute, până când se încălzește.

Pui cu miere

Porti 4

30 ml/2 linguri ulei de arahide (arahide).

4 bucati de pui

30 ml/2 linguri sos de soia

120 ml/4 ml oz/½ cană vin de orez sau sherry uscat

30 ml/2 linguri de miere

5 ml/1 lingura de sare

1 ceapă (crep), tocată

1 felie radacina de ghimbir, tocata marunt

Încinge uleiul și prăjește puiul până se rumenește pe toate părțile. Scurgeți excesul de ulei. Se amestecă ingredientele rămase și se toarnă în tavă. Aduceți la fierbere, acoperiți și fierbeți timp de aproximativ 40 de minute până când puiul este gătit.

Pui "Kung Pao

Porti 4

450 g/1 lb pui, tăiat cubulețe

1 albus de ou

5 ml/1 lingura de sare

30 ml/2 linguri faina de porumb (amidon de porumb)
60 ml/4 linguri ulei de arahide (arahide).
25 g/1 oz ardei iute roşu uscat, tocat
5 ml/1 lingura de usturoi tocat
15 ml/1 lingura sos de soia
15 ml/1 lingură vin de orez sau sherry uscat 5 ml/1 lingură zahăr
5 ml/1 lingură oţet de vin
5 ml/1 lingură ulei de susan
30 ml/2 linguri apă

Puiul se pune intr-un castron cu albusul, sarea si jumatate din porumb si se lasa la marinat 30 de minute. Se încălzeşte uleiul şi se prăjeşte puiul până se rumeneşte uşor, apoi se scoate din tigaie. Încinge uleiul şi prăjeşte ardeiul iute şi usturoiul timp de 2 minute. Puiul se pune înapoi în tigaie cu sosul de soia, vinul sau sherry, zahărul, oţetul de vin şi uleiul de susan şi se prăjeşte timp de 2 minute. Amestecaţi făina de porumb rămasă cu apa, amestecaţi în tigaie şi gătiţi, amestecând, până când sosul este limpede şi se îngroaşă.

Pui cu praz

Porti 4

30 ml/2 linguri ulei de arahide (arahide).
5 ml/1 lingura de sare

225 g/8 oz praz, feliat
1 felie radacina de ghimbir, tocata
225 g/8 oz pui, felii subțiri
15 ml/1 lingura vin de orez sau sherry uscat
15 ml/1 lingura sos de soia

Se încălzește jumătate din ulei și se prăjește sarea și prazul până se rumenesc ușor, apoi se scot din tigaie. Încinge uleiul rămas și prăjește ghimbirul și puiul până se rumenesc ușor. Adăugați vinul sau sherry și sosul de soia și prăjiți încă 2 minute până când puiul este gătit. Puneți prazul în tigaie și amestecați pana se încălzește. Serviți imediat.

Pui cu lamaie

Porti 4

4 piept de pui cu os
2 oua
50 g/2 oz/½ cană făină de porumb (amidon de porumb)

50 g/2 oz/½ cană făină simplă (toate scopuri).
150 ml/¼ pt/½ cană generoasă de apă
ulei de arahide (arahide) pentru prajit
250 ml/8 ml oz/1 cană supă de pui
60 ml/5 linguri suc de lamaie
30 ml/2 linguri vin de orez sau sherry uscat
30 ml/2 linguri faina de porumb (amidon de porumb)
30 ml/2 linguri piure de roșii (pastă)
1 cap de salata verde

Tăiați fiecare piept de pui în 4 bucăți. Bateți ouăle, făina de porumb și făina simplă, adăugând suficientă apă pentru a face un aluat gros. Puneți bucățile de pui în aluat și amestecați până când sunt acoperite complet. Se încălzește uleiul și se prăjește puiul până se rumenește și este fiert.

Între timp, amestecați bulionul, sucul de lămâie, vinul sau sherry, mălaiul și piureul de roșii și încălziți ușor, amestecând, până când amestecul ajunge la fierbere. Se fierbe usor, amestecand continuu, pana cand sosul se ingroasa si se limpezeste. Așezați puiul pe un platou de servire încălzit pe un pat de salată verde și fie turnați peste sos, fie serviți separat.

Pui prăjit cu lămâie

Porti 4

450g/1lb pui cu os, feliat

30 ml/2 linguri suc de lamaie

15 ml/1 lingura sos de soia

15 ml/1 lingura vin de orez sau sherry uscat

30 ml/2 linguri faina de porumb (amidon de porumb)

30 ml/2 linguri ulei de arahide (arahide).

2,5 ml/½ linguriță sare

2 catei de usturoi, presati

50g/2oz castane de apă, tăiate fâșii

50g/2oz muguri de bambus, tăiați în fâșii

niște frunze chinezești, tăiate în fâșii

60 ml/4 linguri supa de pui

15 ml/1 lingură piure de roșii (pastă)

15 ml/1 lingura de zahar

15 ml/1 lingură suc de lămâie

Pune puiul într-un castron. Se amestecă sucul de lămâie, sosul de soia, vinul sau sherry și 15 ml/1 lingură făină de porumb, se toarnă peste pui și se lasă la marinat timp de 1 oră, întorcându-le din când în când.

Se incinge uleiul, sarea si usturoiul pana se rumeneste usor usturoiul, apoi se adauga puiul si marinata si se prajesc aproximativ 5 minute pana cand puiul se rumeneste usor. Adăugați castanele de apă, lăstarii de bambus și frunzele chinezești și prăjiți încă 3 minute sau până când puiul este gătit. Adăugați ingredientele rămase și prăjiți aproximativ 3 minute până când sosul se limpezește și se îngroașă.

Ficatei de pui cu tulpini de bambus

Porti 4

225g/8oz ficat de pui, feliat gros
45 ml/3 linguri vin de orez sau sherry uscat
45 ml/3 linguri ulei de arahide (arahide).
15 ml/1 lingura sos de soia
100g/4oz muguri de bambus, feliați
100g/4oz castane de apă, feliate
60 ml/4 linguri supa de pui
sare si piper proaspat macinat

Amestecați ficații de pui cu vinul sau sherry și lăsați să stea 30 de minute. Încinge uleiul și prăjește ficații de pui până se rumenesc ușor. Adăugați marinata, sosul de soia, lăstarii de bambus, castanele de apă și supa. Se aduce la fierbere și se condimentează cu sare și piper. Acoperiți și fierbeți timp de aproximativ 10 minute până se înmoaie.

Ficatei de pui prajiti

Porti 4

450g/1lb ficat de pui, tăiați la jumătate
50 g/2 oz/½ cană făină de porumb (amidon de porumb)
ulei pentru prăjire adâncă

Uscați ficații de pui și apoi pudrați-i cu făină de porumb, scuturând orice exces. Încinge uleiul și prăjește ficații de pui câteva minute până se rumenesc și sunt fierți. Scurgeți pe hârtie de bucătărie înainte de servire.

Ficatei de pui cu mangetout

Porti 4

225g/8oz ficat de pui, feliat gros
10 ml/2 linguri faina de porumb (amidon de porumb)
10 ml/2 linguriță vin de orez sau sherry uscat
15 ml/1 lingura sos de soia
45 ml/3 linguri ulei de arahide (arahide).

2,5 ml/½ linguriță sare
2 felii rădăcină de ghimbir, tocată
100 g/4 oz mangeout (mazăre de zăpadă)
10 ml/2 linguri faina de porumb (amidon de porumb)
60 ml/4 linguri apă

Puneți ficații de pui într-un castron. Adăugați făina de porumb, vinul sau sherry și sosul de soia și amestecați bine pentru a acoperi. Se încălzește jumătate din ulei și se prăjește sarea și ghimbirul până se rumenesc deschis. Adăugați mangeout și prăjiți până când este bine acoperit cu ulei și apoi scoateți din tigaie. Se încălzește uleiul rămas și se prăjește ficații de pui timp de 5 minute până când sunt fierți. Amestecați făina de porumb și apa într-o pastă, amestecați-o în tigaie și gătiți, amestecând, până când sosul se limpezește și se îngroașă. Întoarceți mangeout-ul în tigaie și gătiți până se încălzește.

Ficat de pui cu clatite

Porti 4

30 ml/2 linguri ulei de arahide (arahide).
1 ceapă, feliată
450g/1lb ficat de pui, tăiați la jumătate
2 tulpini de telina, feliate
120 ml/4 ml oz/½ cană bulion de pui

15 ml/1 lingură făină de porumb (amidon de porumb)
15 ml/1 lingura sos de soia
30 ml/2 linguri apă
aluat foietaj

Se incinge uleiul si se caleste ceapa pana se inmoaie. Adăugați ficații de pui și prăjiți până se rumenesc. Adăugați țelina și prăjiți timp de 1 minut. Adăugați bulion, aduceți la fierbere, acoperiți și fierbeți timp de 5 minute. Se amestecă făina de porumb, sosul de soia și apa într-o pastă, se amestecă în tigaie și se fierbe, amestecând, până când sosul se limpezește și se îngroașă. Se toarnă amestecul peste clătită cu tăiței și se servește.

Ficatei de pui cu sos de perle

Porti 4

45 ml/3 linguri ulei de arahide (arahide).
1 ceapa, tocata
225g/8oz ficat de pui, tăiați la jumătate
100g/4oz ciuperci, feliate

30 ml/2 linguri sos de stridii
15 ml/1 lingura sos de soia
15 ml/1 lingura vin de orez sau sherry uscat
120 ml/4 ml oz/½ cană bulion de pui
5 ml/1 lingură de zahăr
15 ml/1 lingură făină de porumb (amidon de porumb)
45 ml/3 linguri apă

Se încălzește jumătate din ulei și se prăjește ceapa până se înmoaie. Adăugați ficații de pui și prăjiți până se rumenesc. Adăugați ciupercile și prăjiți timp de 2 minute. Amestecați sosul de stridii, sosul de soia, vinul sau sherry, bulionul și zahărul, turnați în tigaie și aduceți la fierbere, amestecând. Amestecați făina de porumb și apa, adăugați în tigaie și gătiți, amestecând, până când sosul se limpezește și se îngroașă, iar ficații sunt fragezi.

Ficat de pui cu ananas

Porti 4

225g/8oz ficat de pui, tăiați la jumătate
45 ml/3 linguri ulei de arahide (arahide).
30 ml/2 linguri sos de soia
15 ml/1 lingură făină de porumb (amidon de porumb)
15 ml/1 lingura de zahar

15 ml/1 lingura de otet de vin
sare si piper proaspat macinat
100 g/4 oz bucăți de ananas
60 ml/4 linguri supa de pui

Se fierbe ficații de pui în apă clocotită timp de 30 de secunde, apoi se scurg. Încinge uleiul și prăjește ficații de pui timp de 30 de secunde. Amestecați sosul de soia, făina de porumb, zahărul, oțetul de vin, sare și piper, turnați în tigaie și amestecați bine pentru a acoperi ficatul de pui. Adăugați bucățile de ananas și sucul și prăjiți aproximativ 3 minute până când ficații sunt fierți.

Ficat de pui dulci și acru

Porti 4

30 ml/2 linguri ulei de arahide (arahide).
450g/1lb ficat de pui, tăiat în sferturi
2 ardei verzi, tăiați în bucăți
4 felii de ananas din conserva, taiate bucatele
60 ml/4 linguri supa de pui

30 ml/2 linguri vin de orez sau sherry uscat

2 albusuri

ulei pentru prăjire adâncă

400 g/14 oz lichi conservat în sirop

5 linguri supa de pui

Se macină (se macină) puiul cu ceapa și castanele de apă. Se amestecă jumătate din făina de porumb, 30 ml/2 linguri de sos de soia, vin sau sherry și albușuri de ou. Formați amestecul în bile de mărimea unei nuci. Se încălzește uleiul și se prăjește puiul până se rumenește. Le scurgem pe hartie de bucatarie.

Între timp, încălziți ușor siropul de litchi cu sucul și sosul de soia rezervat. Se amestecă făina de porumb rămasă cu puțină apă, se amestecă în tigaie și se fierbe, amestecând, până când sosul este limpede și se îngroașă. Se amestecă litchiul și se fierbe ușor până se încălzește. Aranjați puiul pe o farfurie de servire încălzită, acoperiți cu lychees și sos și serviți imediat.

Pui cu Mangetout

Porti 4

225 g/8 oz pui, felii subțiri

5 ml/1 lingură făină de porumb (amidon de porumb)

5 ml/1 lingurita vin de orez sau sherry uscat

5 ml/1 lingură ulei de susan
1 albus de ou batut usor
45 ml/3 linguri ulei de arahide (arahide).
1 cățel de usturoi, zdrobit
1 felie rădăcină de ghimbir, rasă
100 g/4 oz mangeout (mazăre de zăpadă)
120 ml/4 ml oz/½ cană bulion de pui
sare si piper proaspat macinat

Amestecați puiul cu mălai, vin sau sherry, ulei de susan și albuș de ou. Se încălzește jumătate din ulei și se prăjește usturoiul și ghimbirul până se rumenesc ușor. Se adauga puiul si se prajeste pana devine auriu, apoi se scoate din tigaie. Încinge uleiul rămas și prăjește mangeout timp de 2 minute. Adăugați bulion, aduceți la fierbere, acoperiți și fierbeți timp de 2 minute. Reveniți puiul în tigaie și asezonați cu sare și piper. Se fierbe usor pana se incalzeste.

Pui cu mango

Porti 4

100 g/4 oz/1 cană făină simplă (toate scopuri).
250 ml/8 ml oz/1 cană apă
2,5 ml/½ linguriță sare
praf de copt

3 piept de pui

ulei pentru prăjire adâncă

1 felie rădăcină de ghimbir, rasă

150 ml/¼ pt/ ½ cană bulion de pui generoasă

45 ml/3 linguri otet de vin

45 ml/3 linguri vin de orez sau sherry uscat

20 ml/4 linguri sos de soia

10 ml/2 linguri de zahăr

10 ml/2 linguri faina de porumb (amidon de porumb)

5 ml/1 lingură ulei de susan

5 cepe (cepe), feliate

400 g/11 oz conserve de mango, scurse și tăiate fâșii

Se amestecă făina, apa, sarea și praful de copt. Lasă-l să stea 15 minute. Scoateți și aruncați pielea și oasele de pe pui. Tăiați puiul în fâșii subțiri. Se amestecă acestea în amestecul de făină. Se încălzește uleiul și se prăjește puiul aproximativ 5 minute până se rumenește. Scoateți din tavă și scurgeți pe hârtie de bucătărie. Scoateți tot, cu excepția 15 ml/1 lingură de ulei din wok și prăjiți ghimbirul până se rumenește ușor. Se amestecă lichidul cu oțetul de vin, vinul sau sherry, sosul de soia, zahărul, mălaiul și uleiul de susan. Se adaugă în tigaie și se aduce la fierbere, amestecând. Adăugați ceapa și gătiți timp de 3 minute. Adăugați puiul și mango și gătiți, amestecând, timp de 2 minute.

Pepene galben umplut cu pui

Porti 4

350 g/12 oz pui

6 castane de apă

2 scoici, feliate

4 felii de rădăcină de ghimbir

5 ml/1 lingura de sare

15 ml/1 lingura sos de soia

600 ml/1 pct/2½ căni bulion de pui

8 pepeni mici sau 4 medii

Tocați mărunt puiul, castanele, scoicile și ghimbirul și amestecați cu sarea, sosul de soia și bulionul. Tăiați vârful pepenilor și îndepărtați semințele. Bate marginile de sus. Umpleți pepenele galben cu amestecul de pui și puneți pe un grătar într-un cuptor cu abur. Se fierbe peste apă clocotită timp de 40 de minute până când puiul este gătit.

Se prăjește pui și ciuperci

Porti 4

45 ml/3 linguri ulei de arahide (arahide).

1 cățel de usturoi, zdrobit

1 ceapă (crep), tocată

1 felie rădăcină de ghimbir, rasă

225g/8oz piept de pui, tăiat în bucăți

225g/8oz ciuperci buton

45 ml/3 linguri sos de soia

15 ml/1 lingura vin de orez sau sherry uscat

5 ml/1 lingură făină de porumb (amidon de porumb)

Încinge uleiul și prăjește usturoiul, ceapa și ghimbirul până se rumenesc ușor. Adăugați puiul și prăjiți timp de 5 minute. Adăugați ciupercile și prăjiți timp de 3 minute. Adăugați sosul de soia, vinul sau sherry și făina de porumb și prăjiți timp de aproximativ 5 minute până când puiul este gătit.

Pui cu ciuperci și alune

Porti 4

30 ml/2 linguri ulei de arahide (arahide).

2 catei de usturoi, presati

1 felie rădăcină de ghimbir, rasă

450 g/1 lb pui cu os, tăiat cubulețe

225g/8oz ciuperci buton

100 g/4 oz muguri de bambus, tăiați în fâșii

1 ardei verde, taiat cubulete

1 ardei roșu, tăiat cubulețe

250 ml/8 ml oz/1 cană supă de pui

30 ml/2 linguri vin de orez sau sherry uscat

15 ml/1 lingura sos de soia

15 ml/1 lingura sos tabasco

30 ml/2 linguri faina de porumb (amidon de porumb)

30 ml/2 linguri apă

Încinge uleiul, usturoiul și ghimbirul până cand usturoiul capătă o culoare aurie deschisă. Adăugați puiul și prăjiți până se rumenește ușor. Adăugați ciupercile, lăstarii de bambus și ardeii și prăjiți timp de 3 minute. Adăugați bulionul, vinul sau sherry, sosul de soia și sosul tabasco și aduceți la fierbere, amestecând. Acoperiți și fierbeți timp de aproximativ 10 minute până când puiul este complet fiert. Se amestecă făina de porumb și apa și se amestecă în sos. Se fierbe, amestecând, până când sosul se limpezește și se îngroașă, adăugând încă puțin bulion sau apă dacă sosul este prea gros.

Pui prajit cu ciuperci

Porti 4

6 ciuperci chinezești uscate
1 piept de pui, feliat subțire
1 felie rădăcină de ghimbir, rasă
2 eșalote (opate), tocate
15 ml/1 lingură făină de porumb (amidon de porumb)

15 ml/1 lingura vin de orez sau sherry uscat

30 ml/2 linguri apă

2,5 ml/½ linguriță sare

45 ml/3 linguri ulei de arahide (arahide).

225g/8oz ciuperci, feliate

100 g/4 oz muguri de fasole

15 ml/1 lingura sos de soia

5 ml/1 lingură de zahăr

120 ml/4 ml oz/½ cană bulion de pui

Înmuiați ciupercile în apă caldă timp de 30 de minute și apoi scurgeți. Aruncați tulpinile și tăiați capacele. Pune puiul într-un castron. Amestecați ghimbirul, ceapa, mălaiul, vinul sau sherry, apa și sarea, amestecați-l în carnea de pui și lăsați-l să stea timp de 1 oră. Se încălzește jumătate din ulei și se prăjește puiul până se rumenește ușor, apoi se scoate din tigaie. Se încălzește uleiul rămas și se prăjesc ciupercile uscate și proaspete și mugurii de fasole timp de 3 minute. Adăugați sosul de soia, zahărul și bulionul, aduceți la fiert, acoperiți și fierbeți timp de 4 minute până când legumele sunt fragede. Reveniți puiul în tigaie, amestecați bine și reîncălziți ușor înainte de servire.

Pui la abur cu ciuperci

Porti 4

4 bucati de pui
30 ml/2 linguri faina de porumb (amidon de porumb)
30 ml/2 linguri sos de soia
3 cepe (cepe), tocate
2 felii de rădăcină de ghimbir, tocate
2,5 ml/½ linguriță sare
100g/4oz ciuperci, feliate

Tăiați bucățile de pui în 5 cm/2 bucăți și puneți-le într-un bol rezistent la cuptor. Amestecați făina de porumb și sosul de soia într-o pastă, amestecați ceapa primăvară, ghimbirul și sarea și amestecați bine cu puiul. Se amestecă ușor ciupercile. Pune vasul pe un grătar într-un cuptor cu abur, acoperă și fierbe în apă clocotită aproximativ 35 de minute până când puiul este fraged.

Pui cu ceapa

Porti 4

60 ml/4 linguri ulei de arahide (arahide).
2 cepe, tocate
450g/1lb pui, feliat
30 ml/2 linguri vin de orez sau sherry uscat

250 ml/8 ml oz/1 cană supă de pui

45 ml/3 linguri sos de soia

30 ml/2 linguri faina de porumb (amidon de porumb)

45 ml/3 linguri apă

Se incinge uleiul si se caleste ceapa pana se rumeneste usor. Adăugați puiul și prăjiți până se rumenește ușor. Adăugați vinul sau sherry, bulionul și sosul de soia, aduceți la fierbere, acoperiți și fierbeți timp de 25 de minute până când puiul este fraged. Amestecați făina de porumb și apa, amestecați în tigaie și gătiți, amestecând, până când sosul este limpede și se îngroașă.

Pui cu portocala si lamaie

Porti 4

350g/1lb pui, tăiat fâșii

30 ml/2 linguri ulei de arahide (arahide).

2 catei de usturoi, presati

2 felii rădăcină de ghimbir, tocată

coaja rasa de ½ portocala

coaja rasa de ½ lamaie

45 ml/3 linguri suc de portocale

45 ml/3 linguri suc de lamaie

15 ml/1 lingura sos de soia

3 cepe (cepe), tocate

15 ml/1 lingură făină de porumb (amidon de porumb)

45 ml/1 lingura de apa

Se fierbe puiul în apă clocotită timp de 30 de secunde, apoi se scurge. Încinge uleiul și prăjește usturoiul și ghimbirul timp de 30 de secunde. Adăugați coaja și sucul de portocală și lămâie, sosul de soia și ceapa primăvară și prăjiți timp de 2 minute. Adăugați puiul și gătiți câteva minute până când puiul este fraged. Amestecați făina de porumb și apa într-o pastă, amestecați în tigaie și gătiți, amestecând, până se îngroașă sosul.

Pui cu sos de perle

Porti 4

30 ml/2 linguri ulei de arahide (arahide).

1 cățel de usturoi, zdrobit

1 felie de ghimbir, tocata marunt

450g/1lb pui, feliat

250 ml/8 ml oz/1 cană supă de pui

30 ml/2 linguri sos de stridii

15 ml/1 lingură vin de orez sau sherry

5 ml/1 lingură de zahăr

Se încălzește ulei cu usturoi și ghimbir și se prăjește până se rumenește deschis. Adăugați puiul și prăjiți aproximativ 3 minute până se rumenește ușor. Adăugați bulionul, sosul de stridii, vinul sau sherry și zahărul, aduceți la fiert, amestecând, apoi acoperiți și fierbeți timp de aproximativ 15 minute, amestecând din când în când, până când puiul este gătit. Scoateți capacul și continuați să gătiți, amestecând, timp de aproximativ 4 minute până când sosul s-a redus și s-a îngroșat.

Pachet de pui

Porti 4

225 g/8 oz pui

30 ml/2 linguri vin de orez sau sherry uscat

30 ml/2 linguri sos de soia

hârtie cerată sau pergament pentru copt

30 ml/2 linguri ulei de arahide (arahide).

ulei pentru prăjire adâncă

Tăiați puiul în 5 cm/2 cuburi. Se amestecă vinul sau sherry și sosul de soia, se toarnă peste pui și se amestecă bine. Acoperiți și lăsați să stea 1 oră, amestecând din când în când. Tăiați hârtia în 10 cm/4 pătrate și ungeți-le. Scurge bine puiul. Așezați o bucată de hârtie pe suprafața de lucru cu un colț îndreptat spre dvs. Puneți o bucată de pui în pătrat chiar sub centru, pliați colțul de jos și pliați din nou pentru a închide puiul. Îndoiți în lateral și apoi pliați în colțul de sus pentru a fixa coletul. Încinge uleiul și prăjește pachetele de pui timp de aproximativ 5 minute până când sunt fierte. Serviți cald în porții pentru ca oaspeții să se deschidă.

Pui cu arahide

Porti 4

225 g/8 oz pui, felii subțiri
1 albus de ou batut usor
10 ml/2 linguri faina de porumb (amidon de porumb)
45 ml/3 linguri ulei de arahide (arahide).
1 cățel de usturoi, zdrobit
1 felie rădăcină de ghimbir, rasă
2 praz tocat

30 ml/2 linguri sos de soia
15 ml/1 lingura vin de orez sau sherry uscat
100 g/4 oz alune prăjite

Se amestecă puiul cu albușul și mălaiul până se îmbracă bine. Se încălzește jumătate din ulei și se prăjește puiul până se rumenește, apoi se scoate din tigaie. Încinge uleiul rămas și prăjește usturoiul și ghimbirul până se înmoaie. Adăugați prazul și prăjiți până capătă o culoare maro deschis. Se amestecă sosul de soia și vinul sau sherry și se fierbe timp de 3 minute. Întoarceți puiul în tigaia cu alune și fierbeți ușor până se încălzește.

Pui cu unt de arahide

Porti 4

4 piepti de pui, taiati cubulete
sare si piper proaspat macinat
5 ml/1 linguriță pudră de cinci condimente
45 ml/3 linguri ulei de arahide (arahide).
1 ceapa taiata cubulete
2 morcovi, tăiați cubulețe
1 baton de telina, taiata cubulete

300 ml/½ pt/1 ¼ cană bulion de pui
10 ml/2 linguri piure de roșii (pastă)
100 g/4 oz unt de arahide
15 ml/1 lingura sos de soia
10 ml/2 linguri faina de porumb (amidon de porumb)
praf de zahar brun
15 ml/1 lingura naut tocat

Asezonați puiul cu sare, piper și praf de cinci condimente. Încinge uleiul și prăjește puiul până se înmoaie. Scoateți din tigaie. Adăugați legumele și prăjiți până când sunt moale, dar încă crocante. Se amestecă bulionul cu ingredientele rămase, cu excepția năutului, se amestecă în tigaie și se aduce la fierbere. Puiul se pune înapoi în tigaie și se încălzește, amestecând. Se serveste presarata cu zahar.

Pui cu mazăre

Porti 4

60 ml/4 linguri ulei de arahide (arahide).
1 ceapa, tocata
450 g/1 lb pui, tăiat cubulețe
sare si piper proaspat macinat
100 g/4 oz mazăre
2 tulpini de telina, tocate

100g/4oz ciuperci, tocate

250 ml/8 ml oz/1 cană supă de pui

15 ml/1 lingură făină de porumb (amidon de porumb)

15 ml/1 lingura sos de soia

60 ml/4 linguri apă

Se incinge uleiul si se caleste ceapa pana se rumeneste usor. Adăugați puiul și prăjiți până se rumenește. Se condimentează cu sare și piper și se adaugă mazărea, țelina și ciupercile și se amestecă bine. Adăugați bulion, aduceți la fierbere, acoperiți și fierbeți timp de 15 minute. Amestecați făina de porumb, sosul de soia și apa într-o pastă, amestecați în tigaie și gătiți, amestecând, până când sosul se limpezește și se îngroașă.

Pui la Peking

Porti 4

4 portii de pui

sare si piper proaspat macinat

5 ml/1 lingură de zahăr

1 ceapă (crep), tocată

1 felie rădăcină de ghimbir, rasă

15 ml/1 lingura sos de soia

15 ml/1 lingura vin de orez sau sherry uscat
15 ml/1 lingură făină de porumb (amidon de porumb)
ulei pentru prăjire adâncă

Puneți bucățile de pui într-un castron puțin adânc și stropiți cu sare și piper. Se amestecă zahărul, ceapa, ghimbirul, sosul de soia și vinul sau sherry, se îmbracă cu puiul, se acopera și se lasă la marinat timp de 3 ore. Scurgeți puiul și stropiți cu făină de porumb. Se încălzește uleiul și se prăjește puiul până se rumenește și este fiert. Scurgeți bine înainte de servire.

Pui cu ardei

Porti 4

60 ml/4 linguri sos de soia
45 ml/3 linguri vin de orez sau sherry uscat
45 ml/3 linguri faina de porumb (faina de porumb)
450 g/1 lb pui, tocat (măcinat)
60 ml/4 linguri ulei de arahide (arahide).
2,5 ml/½ linguriță sare
2 catei de usturoi, presati
2 ardei rosii, taiati cubulete

1 ardei verde, taiat cubulete

5 ml/1 lingură de zahăr

300 ml/½ pt/1¼ cană bulion de pui

Se amestecă jumătate din sosul de soia, jumătate din vin sau sherry și jumătate din făina de porumb. Se toarna peste pui, se amesteca bine si se lasa la marinat cel putin 1 ora. Se încălzește jumătate din ulei cu sare și usturoi până se rumenește ușor. Adăugați puiul și marinada și prăjiți aproximativ 4 minute până când puiul devine maro, apoi scoateți din tigaie. Adăugați uleiul rămas în tigaie și prăjiți ardeii timp de 2 minute. Adăugați zahărul în tigaie cu sosul de soia rămas, vinul sau sherry și făina de porumb și amestecați bine. Se adaugă bulionul, se aduce la fierbere și se fierbe, amestecând, până se îngroașă sosul. Reveniți puiul în tigaie, acoperiți și fierbeți timp de 4 minute până când puiul este gătit.

Pui prajit cu ardei

Porti 4

1 piept de pui, feliat subțire

2 felii rădăcină de ghimbir, tocată

2 eșalote (opate), tocate

15 ml/1 lingură făină de porumb (amidon de porumb)

30 ml/2 linguri vin de orez sau sherry uscat

30 ml/2 linguri apă

2,5 ml/½ linguriță sare

45 ml/3 linguri ulei de arahide (arahide).

100g/4oz castane de apă, feliate

1 ardei rosu, taiat fasii
1 ardei verde, tăiat fâșii
1 ardei galben, tăiat fâșii
30 ml/2 linguri sos de soia
120 ml/4 ml oz/½ cană bulion de pui

Pune puiul într-un castron. Amestecați ghimbirul, ceapa, mălaiul, vinul sau sherry, apa și sarea, amestecați-l în carnea de pui și lăsați-l să stea timp de 1 oră. Se încălzește jumătate din ulei și se prăjește puiul până se rumenește ușor, apoi se scoate din tigaie. Se încălzește uleiul rămas și se prăjesc castanele de apă și ardeii timp de 2 minute. Adăugați sosul de soia și bulionul, aduceți la fierbere, acoperiți și fierbeți timp de 5 minute până când legumele sunt fragede. Reveniți puiul în tigaie, amestecați bine și reîncălziți ușor înainte de servire.

Pui și ananas

Porti 4

30 ml/2 linguri ulei de arahide (arahide).

5 ml/1 lingura de sare

2 catei de usturoi, presati

450g/1lb pui cu os, feliat subțire

2 cepe, feliate

100g/4oz castane de apă, feliate

100 g/4 oz bucăți de ananas

30 ml/2 linguri vin de orez sau sherry uscat

450 ml/¾ pt/2 cesti supa de pui

5 ml/1 lingură de zahăr
piper proaspăt măcinat
30 ml/2 linguri suc de ananas
30 ml/2 linguri sos de soia
30 ml/2 linguri faina de porumb (amidon de porumb)

Încinge uleiul, sarea și usturoiul până când usturoiul capătă o culoare aurie deschisă. Adăugați puiul și prăjiți timp de 2 minute. Adăugați ceapa, castanele de apă și ananasul și prăjiți timp de 2 minute. Adăugați vinul sau sherry, bulionul și zahărul și asezonați cu piper. Aduceți la fierbere, acoperiți și fierbeți timp de 5 minute. Amestecați sucul de ananas, sosul de soia și făina de porumb. Amestecați în tigaie și gătiți, amestecând, până când sosul se îngroașă și se limpezește.

Pui cu ananas și lychees

Porti 4

30 ml/2 linguri ulei de arahide (arahide).
225 g/8 oz pui, felii subțiri
1 felie rădăcină de ghimbir, rasă
15 ml/1 lingura sos de soia
15 ml/1 lingura vin de orez sau sherry uscat
200 g/7 oz bucăți de ananas conservate în sirop
200 g/7 oz lichi conservat în sirop

15 ml/1 lingură făină de porumb (amidon de porumb)

Încinge uleiul și prăjește puiul până se rumenește ușor. Adăugați sos de soia și vin sau sherry și amestecați bine. Măsurați 250 ml/8 floz/1 cană amestecat de sirop de ananas și litchi și rezervați 30 ml/2 linguri. Adăugați restul în tigaie, aduceți la fiert și fierbeți câteva minute până când puiul este fraged. Adăugați bucățile de ananas și lychees. Amestecați făina de porumb cu siropul rezervat, amestecați în tigaie și gătiți, amestecând, până când sosul este limpede și se îngroașă.

Pui cu porc

Porti 4

1 piept de pui, feliat subțire
100 g/4 oz carne de porc slabă, feliată subțire
60 ml/4 linguri sos de soia
15 ml/1 lingură făină de porumb (amidon de porumb)
1 albus de ou
45 ml/3 linguri ulei de arahide (arahide).
3 felii de rădăcină de ghimbir, tocate
50g/2oz muguri de bambus, feliați
225g/8oz ciuperci, feliate
225g/8oz frunze chinezești, tocate
120 ml/4 ml oz/½ cană bulion de pui

30 ml/2 linguri apă

Amestecați puiul și carnea de porc. Amestecați sosul de soia, 5 ml/1 lingură făină de porumb și albușul de ou și amestecați puiul și carnea de porc. Lăsați să stea timp de 30 de minute. Se încălzește jumătate din ulei și se prăjește puiul și carnea de porc până se rumenesc ușor, apoi se scot din tigaie. Încălziți uleiul rămas și prăjiți ghimbirul, lăstarii de bambus, ciupercile și frunzele chinezești până când sunt bine acoperite cu ulei. Adăugați bulion și aduceți la fierbere. Reveniți amestecul de pui în tigaie, acoperiți și gătiți aproximativ 3 minute până când carnea este fragedă. Se amestecă restul de mălai într-o masă cu apa, se amestecă în sos și se fierbe, amestecând, până când sosul se îngroașă. Serviți imediat.

Pui la cuptor cu cartofi

Porti 4

4 bucati de pui
45 ml/3 linguri ulei de arahide (arahide).
1 ceapă, feliată
1 cățel de usturoi, zdrobit
2 felii rădăcină de ghimbir, tocată
450 ml/¾ pt/2 pahare de apă
45 ml/3 linguri sos de soia

15 ml/1 lingură de zahăr brun
2 cartofi taiati cubulete

Tăiați puiul în 5 cm/2 bucăți. Se incinge uleiul si se caleste ceapa, usturoiul si ghimbirul pana se rumenesc usor. Adăugați puiul și prăjiți până se rumenește ușor. Adăugați apa și sosul de soia și aduceți la fiert. Se toarnă zahărul, se acoperă și se fierbe timp de aproximativ 30 de minute. Adăugați cartofii în tigaie, acoperiți și fierbeți încă 10 minute până când puiul este fraged și cartofii sunt fierți.

Pui cu cinci condimente cu cartofi

Porti 4

45 ml/3 linguri ulei de arahide (arahide).
450 g/1 lb pui, tăiat în bucăți
sare
45 ml/3 linguri pasta de fasole galbena
45 ml/3 linguri sos de soia
5 ml/1 lingură de zahăr
5 ml/1 linguriță pudră de cinci condimente
1 cartof cubulețe
450 ml/¾ pt/2 cesti supa de pui

Încinge uleiul și prăjește puiul până se rumenește ușor. Se presară sare, apoi se amestecă pasta de fasole, sosul de soia, zahărul și pudra cu cinci condimente și se prăjesc timp de 1 minut. Adaugati cartoful si amestecati bine apoi adaugati bulionul, aduceti la fiert, acoperiti si fierbeti aproximativ 30 de minute pana se inmoaie.

Friptură de pui în roșu

Porti 4

450g/1lb pui, feliat
120 ml/4 ml oz/½ cană sos de soia
15 ml/1 lingura de zahar
2 felii de rădăcină de ghimbir, tăiate mărunt
90 ml/6 linguri supă de pui
30 ml/2 linguri vin de orez sau sherry uscat
4 cepe (cepe), feliate

Pune toate ingredientele într-o tigaie și aduce la fierbere. Acoperiți și fierbeți timp de aproximativ 15 minute până când puiul este gătit. Scoateți capacul și continuați să gătiți aproximativ 5 minute, amestecând din când în când, până când sosul se îngroașă. Se serveste presarata cu ceapa.

Risole de pui

Porti 4

225 g/8 oz pui, tocat (măcinat)
3 castane de apa, tocate
1 ceapă (crep), tocată
1 felie rădăcină de ghimbir, rasă
2 albusuri
5 ml/2 lingurite sare
5 ml/1 lingură piper proaspăt măcinat
120 ml/4 ml oz/½ cană ulei de arahide (arahide).
5 ml/1 lingura de bacon macinat

Amestecați puiul, castanele, jumătate de ceapă, ghimbirul, albușurile, sare și piper. Formați bile mici și apăsați. Încinge uleiul și prăjește tăițeii pană se rumenesc, întorcându-le o dată. Se serveste presarata cu ceapa si baconul ramas.

Pui delicios

Porti 4

30 ml/2 linguri ulei de arahide (arahide).

4 bucati de pui

3 cepe (cepe), tocate

2 catei de usturoi, presati

1 felie radacina de ghimbir, tocata

120 ml/4 ml oz/½ cană sos de soia

30 ml/2 linguri vin de orez sau sherry uscat

30 ml/2 linguri zahăr brun

5 ml/1 lingura de sare

375 ml/13 ml uncie/1½ cană apă

15 ml/1 lingură făină de porumb (amidon de porumb)

Încinge uleiul și prăjește bucățile de pui până se rumenesc. Adăugați ceapa, usturoiul și ghimbirul și prăjiți timp de 2 minute. Adăugați sosul de soia, vinul sau sherry, zahărul și sarea și amestecați bine. Adăugați apa și aduceți la fiert, acoperiți și fierbeți timp de 40 de minute. Amestecați făina de porumb cu puțină apă, amestecați-o în sos și gătiți, amestecând, până când sosul se limpezește și se îngroașă.

Pui în ulei de susan

Porti 4

90 ml/6 linguri ulei de arahide (arahide).
60 ml/4 linguri ulei de susan
5 felii de rădăcină de ghimbir
4 bucati de pui
600 ml/1 pct/2½ căni de vin de orez sau sherry uscat
5 ml/1 lingură de zahăr
sare si piper proaspat macinat

Încinge uleiurile și prăjește ghimbirul și puiul până se rumenesc ușor. Se adauga vinul sau sherry si se condimenteaza cu zahar, sare si piper. Se aduce la fierbere și se fierbe ușor, neacoperit, până când puiul este fraged și sosul s-a redus. Serviți în boluri.

Pui Sherry

Porti 4

30 ml/2 linguri ulei de arahide (arahide).

4 bucati de pui

120 ml/4 ml oz/½ cană sos de soia

500 ml/17 ml oz/2¼ cani de vin de orez sau sherry uscat

30 ml/2 linguri de zahăr

5 ml/1 lingura de sare

2 catei de usturoi, presati

1 felie radacina de ghimbir, tocata

Încinge uleiul şi prăjeşte puiul până se rumeneşte pe toate părţile. Scurgeţi excesul de ulei şi adăugaţi toate ingredientele rămase. Se aduce la fierbere, se acopera si se fierbe la foc mare timp de 25 de minute. Coborâţi focul şi fierbeţi încă 15 minute până când puiul este fiert şi sosul s-a redus.

Pui cu sos de soia

Porti 4

350 g/12 oz pui, tăiat cubulețe
2 cepe (cepe), tocate
3 felii de rădăcină de ghimbir, tocate
15 ml/1 lingură făină de porumb (amidon de porumb)
30 ml/2 linguri vin de orez sau sherry uscat
30 ml/2 linguri apă
45 ml/3 linguri ulei de arahide (arahide).
60 ml/4 linguri de sos de soia gros
5 ml/1 lingură de zahăr

Amestecați puiul, ceapa, ghimbirul, făina de porumb, vinul sau sherry și apa și lăsați să stea timp de 30 de minute, amestecând din când în când. Încinge uleiul și prăjește puiul aproximativ 3 minute până se rumenește ușor. Adăugați sosul de soia și zahărul și prăjiți timp de aproximativ 1 minut până când puiul este fiert și fraged.

Pui fript picant

Porti 4

150 ml / ¼ pt / ½ cană generos sos de soia
2 catei de usturoi, presati
50 g/2 oz/¼ cană zahăr brun
1 ceapa, tocata marunt
30 ml/2 linguri piure de roșii (pastă)
1 felie de lămâie, tăiată
1 felie rădăcină de ghimbir, rasă
45 ml/3 linguri vin de orez sau sherry uscat
4 bucăți mari de pui

Amestecă toate ingredientele, cu excepția puiului. Puneți puiul într-un vas rezistent la cuptor, turnați peste amestec, acoperiți și marinați peste noapte, ungând din când în când. Prăjiți puiul într-un cuptor preîncălzit la 180°C/350°F/gaz 4 timp de 40 de minute, întorcându-l și ungând ocazional. Scoateți capacul, ridicați temperatura cuptorului la 200°C/400°F/marca de gaz 6 și continuați să gătiți încă 15 minute până când puiul este gătit.

Pui cu spanac

Porti 4

100 g/4 oz pui, tocat
15 ml/1 lingură grăsime de slănină tocată
175 ml/6 ml oz/¾ cană supă de pui
3 albusuri batute spuma
sare
5 ml/1 lingurita de apa
450g/1lb spanac, tocat mărunt
5 ml/1 lingură făină de porumb (amidon de porumb)
45 ml/3 linguri ulei de arahide (arahide).

Amestecați puiul, grăsimea de slănină, 150 ml/¼ pct/½ cană generoasă de supă de pui, albușurile, 5 ml/1 linguriță sare și apă. Se amestecă spanacul cu sucul rămas, puțină sare și mălaiul amestecat cu puțină apă. Se încălzește jumătate din ulei, se adaugă amestecul de spanac în tigaie și se amestecă constant la foc mic până se încălzește. Transferați pe o farfurie de servire încălzită și păstrați la cald. Se încălzește uleiul rămas și se prăjește linguri de amestec de pui până se rumenește și se rumenește. Aranjați deasupra spanacului și serviți imediat.

Rulouri de primăvară cu pui

Porti 4

15 ml/1 lingură ulei de arahide (arahide).
vârf de cuțit de sare
1 cățel de usturoi, zdrobit
225 g/8 oz pui, tăiat fâșii
100g/4oz ciuperci, feliate
175 g/6 oz varză, mărunțită
100 g/4 oz muguri de bambus, tocate
50g/2oz castane de apă, tocate
100 g/4 oz muguri de fasole
5 ml/1 lingură de zahăr
5 ml/1 lingurita vin de orez sau sherry uscat
5 ml/1 lingură sos de soia
8 rulou de piele pentru primavara
ulei pentru prăjire adâncă

Se incinge uleiul, sarea si usturoiul si se prajesc usor pana cand usturoiul incepe sa devina auriu. Adăugați puiul și ciupercile și prăjiți câteva minute până când puiul se rumenește. Se adauga varza, lastarii de bambus, castanele de apa si mugurii de fasole si se prajesc 3 minute. Adăugați zahărul, vinul sau sherry și sosul de soia, amestecați bine, acoperiți și prăjiți ultimele 2 minute. Reveniți într-o strecurătoare și lăsați să se scurgă.

Așezați câteva linguri de amestec de umplutură în centrul fiecărei coji de rulada de primăvară, pliați în partea de jos, îndoiți pe părțile laterale și apoi rulați, înglobând umplutura. Sigilați marginea cu puțin amestec de făină și apă și apoi lăsați-o să se usuce timp de 30 de minute. Încălziți uleiul și prăjiți rulourile de primăvară timp de aproximativ 10 minute până când sunt crocante și aurii. Scurgeți bine înainte de servire.

www.ingramcontent.com/pod-product-compliance
Lightning Source LLC
Chambersburg PA
CBHW071850110526
44591CB00011B/1361